中华 爱国 人物故事
ZHONGHUA AIGUO RENWU GUSHI

千古一帝秦始皇

刘 君 编著

吉林人民出版社

图书在版编目(CIP)数据

千古一帝秦始皇 / 刘君编著. -- 长春：吉林人民出版社，2011.5

(中华爱国人物故事)

ISBN 978-7-206-07893-4

Ⅰ.①千… Ⅱ.①刘… Ⅲ.①秦始皇(前259~前210) - 生平事迹 Ⅳ.①K827=33

中国版本图书馆CIP数据核字(2011)第075663号

千古一帝秦始皇
QIAN GU YI DI QIN SHIHUANG

编　　著：刘　君
责任编辑：葛　琳　　　　　封面设计：七　洱
吉林人民出版社出版 发行(长春市人民大街7548号 邮政编码:130022)
印　　刷：鸿鹄(唐山)印务有限公司
开　　本：670mm×950mm　1/16
印　张：8　　　　　　　字　数：70千字
标准书号：ISBN 978-7-206-07893-4
版　次：2011年5月第1版　印　次：2023年6月第4次印刷
定　价：35.00元

如发现印装质量问题，影响阅读，请与出版社联系调换。

总　序

胡维革

《中华爱国人物故事》是一套故事丛书。它汇集了我国历史上80位古圣先贤、民族英雄、志士仁人、革命领袖、先进模范人物的生动感人史迹，表现了作为中华民族优秀传统的伟大的爱国主义精神。

爱国主义是人们对于"生于斯、长于斯、衣食于斯"的祖国的一种神圣感情，是人们对于自己民族的一种强烈的责任感和使命感，是感召和激励整个中华民族的一面永不褪色的旗帜。在漫长的历史上，爱国主义一直激励着中华儿女为祖国的独立、统一、进步和繁荣而英勇奋斗。从伟大的思想家教育家孔子到统一全国的千古一帝秦始皇，从秉笔直书著《史记》的司马

◆ 中华爱国人物故事

迁到鞠躬尽瘁死而后已的诸葛亮,从伟大的浪漫主义诗人李白到精忠报国的民族英雄岳飞,从七下西洋传播友谊的郑和到抗击倭寇的民族英雄戚继光,从苟利国家生死以的林则徐到为变法流血的第一人谭嗣同,从威震敌胆的抗联将军杨靖宇到人民音乐家聂耳与冼星海,从踏遍青山人未老的李四光到万婴之母林巧稚,从县委书记的好榜样焦裕禄到情系雪域献身高原的孔繁森……都表现出了强烈的爱国主义精神。正是由于热爱祖国的人们前仆后继地奋斗,国家和民族才得以生存,历经一次次历史危急关头而能转危为安,走向兴盛和富强,从而屹立于世界民族之林。爱国主义是鼓舞中华儿女历经忧患、跨越沧桑、百折不挠、自强不息的伟大力量,它贯穿于中华民族的整个历史,并有力

总序

地凝聚着五洲四海的中国人。

爱国主义是一个历史的范畴,在社会发展的不同阶段、不同时期有着不同的具体内容。革命时期,需要我们为祖国的独立自主出生入死;建设时期,需要我们为祖国的繁荣富强增砖添瓦;在全国各族人民团结一心建设富强、民主、文明、和谐的社会主义现代化国家的今天,我们要争做一名新时期的爱国者。新时期的爱国者要有强烈的民族自尊心和自豪感。民族自尊心和自豪感是任何时期任何爱国者都必须具备的情感。民族自尊心能增强我们自立向上的恒心,民族自豪感能树立我们建设祖国的信心。要树立"祖国高于一切"的崇高信念,为了祖国和人民的利益不惜抛却个人的利益,甚至不惜牺牲个人的生命。要树立终身学习的理念,拓

◆ 中华爱国人物故事

宽自己的知识面,广泛吸收新知识新技术,完善自身的知识结构,更新学习知识的方法与理念,从思想上、知识上充分武装自己,为祖国的繁荣昌盛贡献力量。

爱国主义思想的继承和发扬,是关系到民族盛衰、国家兴亡的根本问题。一代代人爱国主义思想情操的形成,需要不断地培养。培养爱国主义的一个重要途径是向爱国主义的英雄人物和典范事迹学习。这套丛书的出版,对于人们向英雄和先进人物学习,特别是对于在中小学生中进行爱国主义教育,将可提供一些生动的教材。祝愿此书出版发行成功,为培养"四有"新人做出贡献。

于2011年4月23日
世界读书日

编委会

策　划：胡维革　吴铁光
　　　　 林　巍　李达豪
主　编：胡维革　邢万生
副主编：贾淑文　吴兰萍
编　委：（按姓氏笔画为序）
　　　　 于二辉　门雄甲
　　　　 刘士琳　刘文辉
　　　　 孙建军　李相梅
　　　　 李艳萍　杨九屹
　　　　 谷艳秋　陈亚南
　　　　 隋　军　韩志国

目录
CONTENTS

◎ 012　不韦相扶赵政立嗣

◎ 024　铲除成蟜平定吕嫪

◎ 048　纳谏求贤恩威并施

◎ 069　重贿郭开反间李牧

目录。
CONTENTS

燕丹报秦荆轲赴义　080

出奇制胜吞灭魏楚　095

后胜误齐四海归一　109

焚书坑儒巡游仙度　116

不韦相扶赵政立嗣

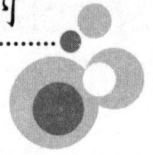

真可谓"财神爷敲门,福从天降"。

眼下,腰缠万贯的吕不韦瞧准了一笔大买卖。吕不韦要做的这笔生意,不是老本行金银珠宝,而是一个人——秦国的王孙——异人。

"落魄王孙",赵国邯郸的老百姓都这样称呼异人。的确如此,祖父秦昭襄王虽说立了父亲安国君做太子,但安国君连珠炮似的生下二十多个儿子,异人排行中间,母亲又不得宠,自从秦、赵渑池之会,祖父决定将他遣往赵国做人质,从此便如落进了地狱一般。这些年,秦、赵战争不断,故国音信皆无。每当赵国战败,赵王便拿他当出气筒,轻则克扣食禄,重则囚禁问斩。若不是平原君力劝赵王,恐怕脑袋早搬家了。同为人质,别人是宝马雕车、锦衣轻裘,出入前呼后拥,耀武扬威,异人却瘦马单车、衣衫褴褛,如同落难逃荒一般。每当想起这些，孤苦伶仃的异人便不免长吁短叹。

但身为豪商巨贾的吕不韦却不这样认为。自打白天在街上偶然遇见异人，吕不韦不禁暗吃一惊。虽说异人满脸消沉之色、一副萎靡落魄之容，但看他面如敷粉、唇若涂朱、天庭饱满、地阁方圆，大有王者之尊。在市民咒骂、讥讽、哀叹这位"落魄王孙"时，吕不韦却突发奇想，暗道："此乃奇货可居也！"

要敲定这笔大买卖，必须舍得血本，吕不韦要做的第一件事，就是说服父亲拿出全部的家底。

"父亲在上，孩儿有一事要向您老人家请教。"

吕父正闭目养神，见儿子有事求教，便双眼微睁，问道："怎么，生意上遇到麻烦了？"

"请问父亲，种田能得多少利润？"

生意场上一向圆滑机敏的儿子，提出这么一个幼稚可笑的问题，简直愚不可及，吕父不禁大失所望，皱着眉头答道："那只不过10倍而已。"吕父忍不住讥讽道：

秦国货币

"看来吕家的生意是越做越小啊!"

"贩卖珠宝之利呢?"吕不韦又问道。

"这个嘛,少说也有百倍。"吕家就是靠这门生意起家的,吕父怎不谙熟此道。

"如果能扶立一人为王,掌握河山,利润将是多少倍?"

吕父感到儿子今天的问话真是荒诞怪异,但此刻细察儿子的表情,绝非玩笑之意。略做思忖,吕父答道:"真能扶立一人为王,其利何止千百倍,简直无法估量。"见儿子深藏不露,吕父终于忍不住从座席上弹了起来:"有这么好的事吗?"

父子俩的野心可谓不谋而合。从父亲那抽搐的面部肌肉和满是攫取欲望的目光中,吕不韦已经很清楚自己下一步该做什么了。

能成为巨商吕不韦的

吕不韦

座上宾，异人简直是受宠若惊。自从做人质以来，他从未如此豪饮过，也从未如此酣畅淋漓地一吐心中郁闷。吕不韦使他重新燃起了对生活的渴望，他才敢正视自己也是个强秦的一国之孙。

过量的酒使异人感到周身麻木，燥热不安，但大脑却始终是清醒的。异人躺在床上，刚才酒席上吕不韦的话音又回响在耳畔："秦王年已老迈，太子安国君深爱华阳夫人，只可惜华阳夫人没有子嗣。您如果能回到秦国，侍候华阳夫人，求她收您做儿子，那么您将来便有希望成为太子。"

秦代酒具玉高足杯

一想到自己的遭遇，异人禁不住泪流满面。再看看眼下的处境，更是举步维艰。千言万语正不知从何说起，吕不韦的话语又回荡在耳畔："在下不才，愿倾尽千金家财为您效力，西游秦国向太子和夫人求情！"

吕不韦起身下床，来到壁橱前，将橱门打开。眼前

呈现出黄灿灿的一片。异人将手轻轻按在上面，感到金子发烫。面对着吕不韦一半家私的慷慨相赠，异人似乎看到了自己光辉灿烂的前程。

俗话说："钱可通神。"吕不韦倾尽千金家私，一半给异人，让他结交豪臣显贵，广纳宾客。吕不韦要让秦国朝廷上下知道，异人这个秦王弃之如草芥的人质，在赵国却大放异彩，深得民望。吕不韦的另一半家私，在西游秦国时，更是功效神奇。他先是打听到华阳夫人姐姐的住处，打点了管家，说是王孙异人有礼物要转送给府上。夫人的姐姐接过管家呈上的一盒礼物，打开一看，满是黄灿灿的金珠，怎不高兴万分，立刻传见吕不韦。夫人的姐姐问道："王孙一向可好？"

吕不韦躬身答道："每当秦兵攻打赵国，赵王便要拿王孙问罪行斩，多亏臣民竞相保奏，王孙才得以幸存，因此王孙急切盼望回国。"

"臣民为何要保奏秦国王孙呢？"

"王孙贤能孝顺，有口皆碑。每逢秦王及太子和夫人的生日，王孙都要沐浴斋戒，烧香祝拜。王孙又好学重贤，广交诸侯宾客，堪称德高望重，所以臣民都舍命相保。"吕不韦说着，将价值500金的珍宝献上，道："王孙不能回到秦国亲自侍奉太子和夫人，托在下将此薄礼献给华阳夫人，权表孝敬之心。"

夫人的姐姐吩咐管家准备酒宴,款待吕不韦,自去华阳夫人宫中禀告。华阳夫人身下无子,忽得异人孝敬,怎不心内感激。

华阳夫人的姐姐回复吕不韦,吕不韦趁热打铁,问道:"夫人可有子嗣?"

"没有。"夫人的姐姐答道。

"在下听说,'以色事人者,色衰而爱驰'。现在夫人深得太子宠爱却没有子嗣,在下认为应该及时收养一位

楚国乐器——虎座双凤架悬鼓

贤能孝顺的儿子来服侍膝下，不然，他日一旦容颜衰老，无所依靠，将后悔莫及。如今王孙贤孝无比，又愿意服侍夫人，夫人如果能扶持他做太子的继承人，夫人还怕不被安国君宠爱吗？"

吕不韦的这番话可以说击中了华阳夫人的疼处。当姐姐把这话告诉给她时，她不得不冷静下来，考虑目前的处境。

华阳夫人终于接受了这个现实，她在枕畔用泪水打

战国青铜人物立像

动了安国君的心。当华阳夫人终于手握"异人立嗣"的玉符时，露出了欣慰的笑容。

后来，吕不韦又将自己新纳的宠妾赵姬送与异人为妻，后生下一子。世人有传说赵姬嫁与异人时已怀有身孕，吕不韦献妾，实为调包篡位，只是异人不知；又传说，该子出生时，红光满室，百鸟飞翔，口含数粒牙齿。不管传说真伪，生一男孩总是皆大欢喜。

异人决定用赵氏之姓，给孩子取名叫赵政。这个婴儿便是后来威震四海、统一天下的秦始皇。

秦昭襄王五十年，吕不韦用重金买通邯郸守城门将，把秦王孙异人藏在车中，吕氏全家逃往秦国。3岁的赵政跟着母亲躲藏在外公家中。

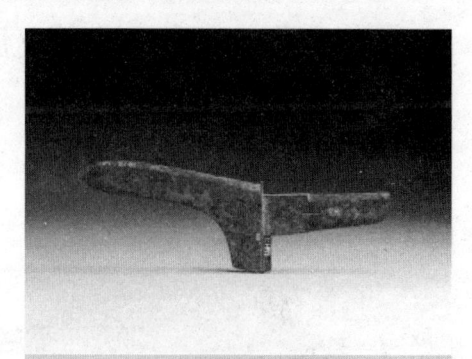

八年吕不韦戈

自打记事以来，小赵政就跟着母亲过着担惊受怕的日子，他不明白那些手持兵刃的家伙为什么总是到家里来乱翻一气，逼得他和母亲东躲西藏。每当这些人来到，母亲便惊慌地把他抱到隔壁，用力捂住他的嘴。看着母亲煞白的脸色，他不敢大声喘气。

小赵政是多么羡慕墙外孩子们的欢笑声啊！有一次，他背着母亲偷偷跑出家门，当他走近那片欢笑声时，那群孩子却突然停止了游戏。人群中不知谁喊了声"弃儿来了！"接着，小赵政听到的便是"弃儿！弃儿！"的连声叫喊。小赵政攥紧拳头，像头暴怒的狮子，冲进了人群，结果可想而知，小赵政落得个鼻青脸肿。

意想不到的是，小赵政虽说挨了揍，却结识了一位小朋友，只可惜，两个人后来又成了不共戴天的仇敌，此是后话。

小赵政恨透了那些抓捕他们的大兵，恨透了那群叫他"弃儿"的孩子。

战国玉俑

"父亲什么时候才能回来呢？"小赵政这样问母亲时，母亲哀愁的面容总是挂满泪水。

小赵政是多么想领着父亲走到那群孩子面前，大声喊出："我不是弃儿！"

小赵政等呀等，盼呀盼，过了一年又一年，终于盼来了这一天。

秦昭襄王五十六年得病而死，太子安国君继

战国时代屏风座

位,这便是孝文王,立异人为太子,迎赵氏母子回国。孝文王除丧第三天,大宴群臣,席散回宫即死。异人登上王位,即庄襄王。奉华阳夫人为太后,立赵氏为王后,赵政为太子。去掉赵字,恢复嬴姓,拜吕不韦为丞相,封为文信侯,食河南洛阳10万户。

8岁的嬴政在太傅的教导下,才知道,祖先最初只是以牧羊为生,因帮助周平王东迁有功,才被封为诸侯。像自己在赵国时一样,祖先也同样备受中原诸侯歧视,他们称祖先为"夷狄之属",大加排斥。但祖先忍辱负重,坚韧不拔,艰苦创业,使秦国在诸侯并起、兵戈纷争的乱世中,终于跃居七雄之首。

中华爱国人物故事
ZHONGHUA AIGUO RENWU GUSHI

战国人形座铜灯

穆公图霸，孝公变法，惠公征伐，祖先的伟业使嬴政振奋不已，百里奚、商鞅、张仪、范雎这些大臣们的智谋更使小嬴政为之惊叹折服。

"我一定要成为一名强者！"小嬴政暗下决心："我要比祖先做得更好！"

秦庄襄王执政仅3年，便得病而死。吕不韦趁进宫探病之机，将一封密信交与王后，自此，两人旧情萌发。国人有怀疑孝文王与庄襄王之死是吕不韦进药所致，是为了使自己的儿子嬴政及早继位，但因惧怕吕不韦权高势大，均不敢直言。于是，丞相吕不韦扶立嬴政继位，这年嬴政年仅13岁。尊庄襄后为太后，封胞弟成蟜为"长安君"。秦王政称吕不韦为"尚父"，国事皆由尚父与太后决断。

年幼的秦王政迈向了通往帝王的第一个台阶，但他怎会想到，要摘取那顶耀眼的王冠，是多么艰难啊！

战国时代玉器

铲除嫪毐平定吕乱

光阴似箭，转眼间，秦王政已年届20，按照秦国的惯例，该是行加冠佩剑之礼、主持朝政的年龄了，但太后和尚父吕不韦却闭口不谈此事，好像秦国压根儿没有他这个一国之君，秦王政感到愤愤不平。自从继位以来，他很少参与国事，但随着年龄的增长，他却学会了冷眼静观。秦王政不得不佩服吕不韦的才干。吕不韦门客达三千之多，朝廷上下更是趋之若鹜，与其说秦国的江山姓嬴，倒不如说是姓吕。吕不韦出入宫中，便与自家一般，在秦王政看来，太后与吕不韦两人，总好像是在背着他做着一些不可告人的事。究竟是干什么，秦王政实在不敢想象。尤其使秦王政愤怒的是，太后竟封嫪毐这个无尺寸之功的宦官为"长信侯"，任其在宫中为所欲为。吕不韦靠的是对先王有功，而嫪毐则是依仗太后的深宠，两人在朝中耀武扬威，就是因为手中大权在握。

看来，要使朝政昌明，江山永固，必须夺过他们的权柄。此时，秦王政伫立在书案前，面容冷峻。这些年的骑射和剑术，练就了他一副魁伟的身材，浓黑的长眉下，那双透射一切的利目，则是他修习帝王之道的一种外在反应：坚韧、自信、果敢、威不可屈。

但秦王政万万没有想到，在权力交锋的第一个回合，他遇到的对手不是吕不韦，也不是嫪毐，却是他的弟弟！

战国青铜工艺品——牺座立人擎盘

丞相府书房，吕不韦倒背双手，眉头紧皱，来回踱个不停。吕不韦从一个商贾之人，一跃而成了强秦的丞相，正可谓一人之下，万人之上，但他并没有盲目乐观。眼下，秦王政已不再是那个乳臭未干、任人摆布的孩子了。一想到秦王政那两道利剑似的目光，吕不韦便禁不住一阵阵心惊肉跳。吕不韦明白，要使炙手可热的权柄握得更牢，必须事事小心谨慎。同样，要使秦氏的江山真正化为吕氏所有，必须帮助儿子扫清一切阻挠势力。

目前，朝中有两个人使吕不韦时刻坐卧不宁，一个是秦王政的弟弟，17岁的长安君成蟜，另一个便是大将樊於期，此人生性刚直，每次在朝中遇见自己，都是横眉立目。国人将自己"调包"一事传得沸沸扬扬，将来长安君一旦醒悟，借此争夺王位，后果不堪设想。

吕不韦走到书案前，右手猛地击在书案上，侍立在一旁的门客李斯知道，丞相的又一个决策产生了。

吕不韦的计策是：五国合纵攻秦，乃是赵将庞煖主谋，眼下五国兵败而散，正可借此讨伐赵国：先派蒙骜与张唐督兵5万为先导，3日后再派长安君成蟜与樊於期率兵5万随后接应。

门客李斯茫然不解，问道："长安君年纪轻轻，不懂军务，丞相派他出战，恐怕难以胜任吧？"

吕不韦没有回答，只是阴险地笑了。

表面看来，吕不韦派长安君率兵出征，又让樊於期这员猛将辅佐作战，岂不是放虎归山，纵鲸入海吗？殊不知这正是吕不韦的阴毒所在。长安君平时懵懂无知，怎会萌生立嗣之争？加之在咸阳势力弱小，即便有非分之想，也难成大器。一旦率兵出外，手掌兵权，樊於期在身边必会摇唇鼓舌，长安君优柔寡断，难免不受其蛊惑，心生叛逆之意。但他们哪里知道，吕不韦正张开巨网，只等猎物迫不及待地跳入网中呢！

不出所料，长安君成蟜得到丞相封将挂帅，真是受宠若惊，喜不自禁，急忙招来副将樊於期商议军事。樊於期平素对吕不韦献妾盗国一事恨之入骨，见了成蟜，屏退左右，将传说之吕不韦"掉包"一事原原本本述说

战国兵器柄

一遍，末了说道："秦王政并不是先王骨血，而您才该名正言顺地继承王位。吕不韦现在把兵权交给您，绝非好意，他是怕一旦东窗事发，您与秦王政争位，因此表面上看似重用您，实际上是想把您赶出朝廷。如果您兵败无功，他便可借此加罪，轻则削籍，重则问斩，嬴氏之国，化为吕氏，您不可不早做决断。"

一席话说得成蟜怦然心动："如果不是樊将军指点迷津，我至今仍蒙在鼓里。可眼下该如何是好？"

樊於期献计道："眼下蒙骜被赵军围困，难以脱身，您重兵在握，如果发出檄文向天下昭示吕不韦献妾盗国、淫乱宫闱之罪，秦国臣民定会尊奉您主持秦国社稷。"

铜鹰

成峤手握剑柄，愤然做色道："大丈夫即便死了，也不可屈膝于商贾之下！望樊将军用心策划！"

当头一闷棍，秦王政只觉得耳中嗡嗡作响，他手握樊於期的檄文，浑身抖个不停，秦王政不敢想象自己这个强秦的一国之君，竟会是吕不韦的儿子。他不敢正视这突如其来的打击，更不敢去查问自己的身世。他只相信自己被立为秦国的太子之后所接受的训导："你是嬴氏的子孙，你要继承祖先开拓进取、自强不息的精神，不负祖先的辉煌业绩，完成统一河山的宏伟使命！"每当脑海中浮现出先祖列宗驰骋沙场、征战诸侯的场面，秦王政便禁不住一阵阵热血沸腾，作为嬴氏的子孙，他感到骄傲、自豪。他坚信自己是嬴氏

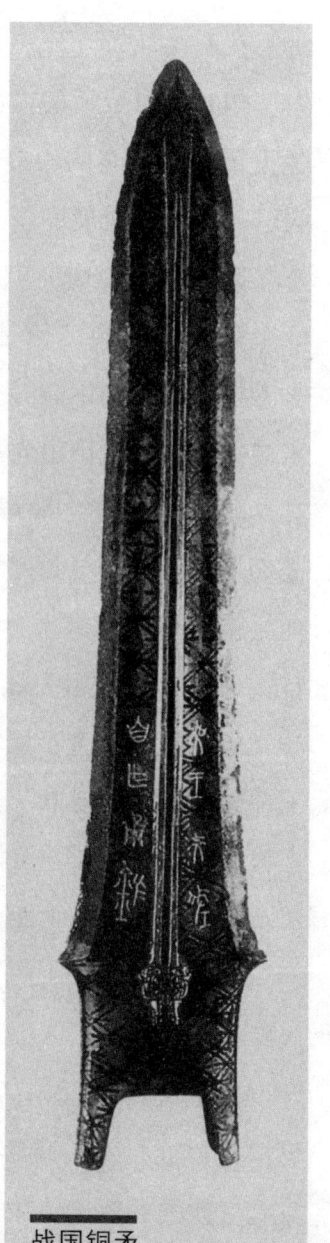

战国铜矛

的后代!

　　但长安君成蟜的谋反,却是秦王政万万没有想到的。世上最令人悲哀的,莫过于手足相残。秦王政想到曾与自己一起嬉戏玩耍、朝夕相伴的弟弟,此时却反目成仇,不禁陷入痛苦之中。但就在此时,秦王政的耳旁又响起一个巨大的声音:"你是嬴氏的子孙,秦国的业绩需要你去发扬光大,绝不能毁在你的手中!"随着这声呐喊,秦王政的眼前浮现出祖先手执牧鞭,冬顶寒风,夏冒烈日,在雍州这块蛮荒之地艰难创业的情景。他们披荆斩棘,坚韧不拔,一分一毫地去开拓,去进取,终于使这块弹丸之地变得强盛起来。秦国能够统领诸侯,成为七雄之首,不正是因为祖先能够心怀壮志、锲而不舍吗?秦王政又仿佛看到祖先手执牧鞭,怒视着自己骂道:"长安君不谙政事,优柔寡断,王权一旦落入他手中,江山破碎,社稷倾毁,到那时,你有何颜面去面对先祖列宗:你是不肖子孙,你是千古罪人!"

　　秦王政轻轻擦去眼角的泪水,高声传令:"宣吕不韦入殿!"

　　秦王政奇怪这句话喊出之后,内心却格外地沉静。可以说,这是秦王政继位以来的第一个重大决断,也许正是这残酷的现实,才过早地铸成了他刚毅的性格。

　　以王翦为大将,桓齮、王贲为左右先锋的10万秦军,奉秦王之命,前去攻打长安君成蛴。怎奈樊於期勇猛善战,手提一柄长刀,直入秦军,那樊於期怒睁圆目,吼声如雷,左冲右突,如入无人之境。王翦损兵折将,退兵于伞盖山。王翦想:"樊於期如此骁勇,与之对攻,很难取胜,必须使计破之。"于是招来部将杨端和,吩咐他如此这般。又命令桓齮和王贲各率一路军马攻打长子、壶关二城。王翦自率一军去攻打成蛴的大本营屯留,攻打屯留是假,目的是引蛇出洞。那樊於期果然中计,引兵杀出屯留。王翦边战边退,屯兵于伏龙山。樊於期得胜回城,杨端和效仿敌军打扮,混入城中。

却说王翦据守伏龙山,高筑营垒,樊於期连日叫阵,秦兵只是不应。王翦却暗发2万兵力,去助攻长子、壶

兵马俑

兵俑

关。樊於期万般神勇，又怎有分身之术，忽听哨马来报："长子、壶关二城已被秦兵攻下！"方知上当，急忙在屯留城外安营扎寨，力图死守大本营。

那么，王翦为什么让杨端和混入城中？原来，杨端和曾是长安君成蟜的门客，又是屯留人氏，城中亲戚众多，杨端和在城中亲属家稍事歇息又做了一些安排后，便去密见长安君，献上王翦的一封信。成蟜打开一看，见上面写道：

君亲莫如弟，贵则封侯，奈何听无稽之言，行不测之事，自取丧灭，岂不惜哉？首难者樊於期，君能斩其首，献于军前，束手归罪，某当保奏，王必恕君。若迟回不决，悔无及矣！

成蟜读罢，泪流不止，道："樊将军说：'秦王政并非先王所生，促使我到了这个地步，我本来并不想这样做的。'"

杨端和劝道："樊於期凭借一夫之勇，不顾成败，企图侥幸成事，可檄文发出，各地毫无响应，如今王将军层层围攻，城破之后，您怎能自保？"

成蟜仍犹豫不决，道："樊将军乃忠直之士，我怎忍杀他？"正说着，忽听部下来报："王翦大军已逼近城下。"杨端和劝成蟜登城观望，来到城门之上，只见樊於期正挥舞长刀，与秦军战成一团，怎奈秦军众多，山呼海啸般压来，樊於期终于抵挡不住，奔回城下，高叫："开门！"杨端和趁势抽出长剑，站在长安君身旁高喊道："长安君已归降秦王，樊将军请自便。有敢开门者斩！"说完，袖中抽出一旗，上面有个"降"字。身边尽是端和亲信，纷纷将降旗举起，怎由成蟜做主？长安君只有默默流泪，樊於期见状，长叹道："孺子乃妇人之仁，不可辅佐啊！"杀开一条血路，直奔燕国而去。

长安君成蟜的叛乱，使秦王政深刻地认识到，在通往权力巅峰的道路上，处处是荆棘，稍不小心，就会被暗藏在其

兵俑

中华爱国人物故事
ZHONGHUA AIGUO RENWU GUSHI

中的猛兽咬伤，要剪除朝中的邪恶势力，手中的这把利剑必须坚决、果断，自己绝不能心慈手软。"反贼不诛，骨肉都将谋反。"秦王政要给朝廷上下来个下马威：将长安君成蟜斩首；言有能擒献樊於期者，赏5座城邑。

虽说秦王政派兵征讨长安君获得了成功，但赵国前线也传来了令秦王政痛心的消息：蒙骜率领的5万秦兵，由于得不到后援，被赵将庞煖重兵围困，蒙骜率兵突围，终因寡不敌众，身中数箭而死。

秦王政决定重振军威，为蒙骜报仇。秦王政召来群臣，商议的结果是：联合燕国，两国合力攻打赵国。于是秦王政派使臣出使燕国，两国达成一项外交协议：为确保两国合作，互不失信，秦国须派一位朝中重臣到燕

兵马俑

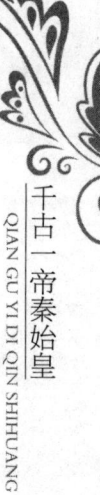

国任相国，同时，燕王将遣送太子丹到秦国做人质。

到燕国做丞相的使命落在了大臣张唐身上，但张唐却托病不肯出任。吕不韦几次登门请求，张唐只管推辞道："臣屡次率兵攻打赵国，赵国上下恨不能将臣碎尸万段，要去燕国，必打赵国经过，这不是白白去送死吗？"

吕不韦碰了钉子，回到府中坐也不是，站也不是，不住地长吁短叹。

"先生有什么难处吗？"

吕不韦一看，乃是甘茂的孙子小甘罗侍立在一旁。吕不韦没好气地斥道："小孩子懂得什么？却来烦我！"

"身为门下客，最难得的，便是能为先生分忧解难。您有难处却不让孩臣知道，孩臣虽想效忠却无力可使。"小甘罗道。

不韦心想，反正我憋闷得慌，说出来解解闷也好。便道："前不久秦燕两国达成协议，现在燕太子丹作为人质已经到了秦国，可是张唐被委任为燕国丞相，却坚持不肯出任，我为此心中不快。"

小甘罗道："这点儿小事，您怎不早说，就交给孩臣去办吧。"

"快走开，我亲自登门请求都毫无结果，你一个小娃子又如何能说得动他？"不韦斥道。

"当初项橐才7岁便成了孔子的老师，现在孩臣已经

12岁了,比项橐还大5岁。您答应我去,办不成再责罚孩臣也不晚,奈何小瞧天下之士,如此斥责我呢?"

不韦见小甘罗没被自己的呵斥吓退,又见他出语不凡,心下震惊,便舒展笑容道:"你果真能让张唐出使燕国,事成之后,我让秦王封你上卿之位。"

"谢先生栽培!"小甘罗蹦着高出了相府,直奔张唐府中。

张唐不知吕不韦葫芦里到底卖的什么药,竟派了一个孩子来见他。

"小娃子有什么话要讲?"

"我是特地来给您吊孝的。"小甘罗一本正经地答道。

张唐一听,自己还没死呢!这不是咒我吗?顿时火

甘罗雕像

秦铜权

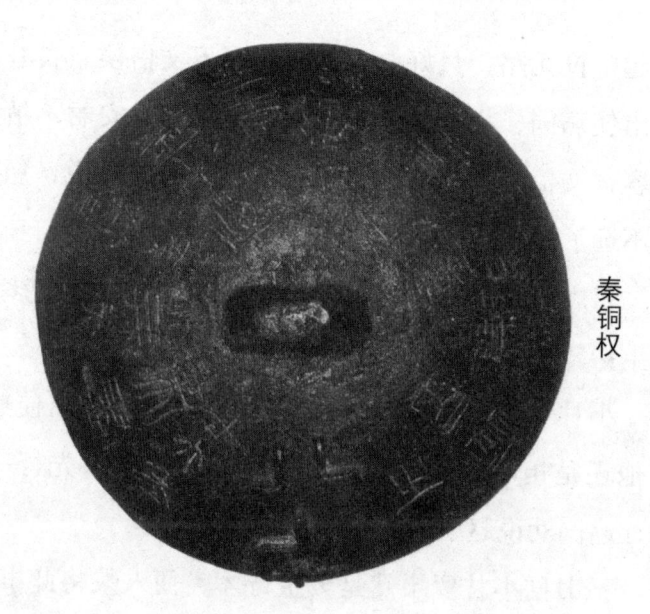

冒三丈，骂道："你小小年纪，竟出口不逊，来人，给我轰出去！"

"大人息怒，请听我一言，试问大人，您的功劳，与武安君白起相比，谁大？"

张唐一想，白起南挫强楚，北克燕赵，破城攻邑不计其数，仅长平一战，就坑杀赵兵40万。"这还用说吗，我的功劳怎赶得上他十分之一？"张唐顺口答道。

"我再问您一个问题，应侯范雎与文信侯吕不韦相比，谁的权力更大？"

"应侯当然不如文信侯。"

小甘罗道："您可知道，当初应侯范雎派武安君白起攻打赵国，白起违命不从，应侯大怒，将白起赶出咸阳。

白起走投无路，只好一死了之，眼下文信侯亲自登门求您出使燕国，您却抗命不遵，这不正像武安君不被应侯所容，文信侯又怎能轻易放过您呢？因此我说，您的死期不远了。"

张唐此时已是毛骨悚然，惊颤不已，忙说："多谢甘先生指教，张某这就收拾行装，出使燕国。"

小甘罗回见吕不韦，道："张唐已经答应出使燕国，可他还是担心赵王对他进行报复，孩臣请求先行一步，前往赵国劝说赵王。"

不韦见小甘罗果然是天生奇才，便入殿将此事禀告秦王政。秦王政早就知道前朝丞相甘茂谋略百出，如今甘氏后继有人，秦王政怎不高兴万分，立刻宣小甘罗入见。秦王政见小甘罗身长五尺，眉清目秀，已自喜欢，又见甘罗举止得体，胜过成人，更是暗暗称奇。秦王问道："你见了赵王，如何措辞？"

小甘罗答道："船行水中，见风使舵；察其喜惧，相机而进。不可事先拟定。"

秦王政忍不住击掌叫绝，传命：备车十辆，仆从百人，随小甘罗出使赵国。

赵悼襄王听说秦燕两国通好，准备合兵攻打赵国，正为此事忧心忡忡，忽听秦使者来到，赵王喜上眉梢，忙传令入见。赵王见秦使者年纪幼小，暗自惊讶，问小甘罗："你今年多大了？"

"12岁。"

"秦廷年高位重的大臣不足以担当此任吗？怎么非派你来？"

小甘罗回答得更是奇妙："年龄大的，都在做大事，臣年龄最小，不被重用，才迫不得已出使赵国。"

秦将白起

赵王见甘罗言辞锋利，实在不敢小瞧这位年幼的使者，沉吟片刻，又问道："先生光临敝国，不知有何见教？"

"大王可否听说燕太子丹已经成了秦国的人质？"

"听说了。"

"张唐出任燕国丞相一事呢？"甘罗又问道。

"也听说过。"

甘罗道："燕太子丹到秦国做人质，是燕国不欺骗秦国；张唐出任燕国丞相，说明秦国也不欺骗燕国。秦燕互守信约，而不欺瞒，赵国将要大祸临头啊！"

赵王不禁正襟危坐，问道："秦燕两国通好，是何用意？"

甘罗道:"秦燕交好,是要合力攻打赵国。大王不如割让5座城池献给秦国,臣请求秦王,不让张唐北行,断绝秦燕两国关系,与贵国结盟交好。赵国强大,燕国弱小,以强攻弱,秦国不帮助燕国,贵国将得到的,又岂止5座城池?"

赵王高赞道:"后生可畏,寡人谨遵教诲!"传命赐甘罗黄金百镒,白璧二双,又将5座城池的地图交给甘罗,让他回复秦王。

出使赵国获得的外交胜利,大大增强了秦王政主持朝政的信心。大胆用人,不拘一格,令朝廷上下对这位年轻的君主刮目相看。小甘罗得到了秦王丰厚的赏赐:位居上卿以及祖上的田宅。

秦王政九年,彗星出现,照耀夜空,数日不散,太史占卜的结果是:国中将有兵变。

此时秦王政已经22岁,凡事自作主张,威势日盛,太后见手中御玺已名存实亡,便择定日期准备在德公之庙为秦王举行加冠佩剑之礼,交出御玺。秦王政得知此事,传令赐百官欢饮5日,再举行亲政仪式。

再说嫪毐,自从两年前吕不韦将他进献给太后,真是要风得风,要雨得雨,享尽了荣华富贵,手中的权势更是如日中天。这嫪毐原本是咸阳街市上有名的淫棍,吕不韦见秦王政英明过人,不敢再与太后偷欢,便巧施金蝉脱壳之计，将嫪毐收为门下，诈称宫刑进献给太后，太后得到嫪毐服侍，强似吕不韦百倍，便渐渐淡忘了昔日情人。

也是嫪毐享福太多，合当生出事来。秦王赐百官欢庆5日，这嫪毐除了与左右贵臣饮酒，便是赌博。到了第四天，嫪毐与中大夫颜泄赌博，怎奈赌运不佳，连连失手，眼见中大夫颜泄案前的赢注堆积如山，自己案前已空空如也。嫪毐不肯罢休，要求再赌。赌场上的规矩，输净为止，颜泄怎肯答应，收拾起赢注便走。嫪毐一向霸道，见颜泄想溜，冲上前去扭住颜泄，左右开弓，打得颜泄鼻口流血，颜泄一把将嫪毐冠缨扯下，便要拼命。

秦青铜诏版

那嫪毐怒喝一声："你竟敢打秦王假父？"一句话，颜泄吓破了酒胆，撒腿便跑，奔出嫪毐府，正巧遇上秦王政从太后宫中宴罢归来。颜泄倒地便叩："臣请死罪！"秦王政见事出有因，并未当场发落，只命令左右将颜泄扶回祈年宫，细问究竟。颜泄奏道："嫪毐并不是宦官，他诈称腐刑，实际并未阉割，他服侍太后，现已生下两个儿子，藏在太后宫中。嫪毐自称是大王的假父，不久便要谋反篡国。"

秦王政的高明之处，正在于处乱不惊，经历了成蟜兵变，秦王政成熟多了。面对不测，他表面不露声色，心中却暗自盘算："嫪毐得知颜泄跑到我这来，必会狗急跳墙，策谋反叛，还是先下手为强。"于是秦王政拿出兵

明代托名秦汉之际封君玺印

秦代青铜龙

符，交给侍从回咸阳召桓齮率兵速到。

但秦王政的一举一动却没躲过内史肆佐、弋竭二人的眼睛。这二人平日受太后和嫪毐恩赐颇多，得知此事，急忙跑到嫪毐府中报信。嫪毐刚好酒醒，方知酒多失言。事已至此，干脆一不做，二不休，直奔大郑宫，向太后诉道："今日之计，除非趁桓齮大兵未到之时，召集宫骑卫卒及宾客舍人，攻打祈年宫，杀了秦王，方可保住我夫妻性命。"

太后道："宫骑卫卒怎会听我的命令？"

"只好借您的御玺，就说：祈年宫有刺客要刺杀秦王。秦王有令，召集宫骑前来救驾。"

太后此时方寸已乱，但有一点她清楚，她和嫪毐是拴在一条绳上的蚂蚱，嫪毐完了，她也不会有好下场。于是把御玺交给嫪毐，让他小心从事。

直到第二天中午，嫪毐人马聚齐，与内史肆佐、弋竭兵分三路，将祈年宫团团包围起来。

秦王政得到内侍报信，出了行宫，登台一望，只见台下不远处，数百人正手持兵刃向台上拥来。秦王振臂高呼："各位为何冒犯君驾？"

台下有人答道："长信侯传令，说行宫有贼，派臣等特来救驾。"

秦王怒道："那长信侯便是贼，宫中又哪有什么贼？"

宫骑卫卒一听，原来是长信侯要造反。胆小怕事的，呼啦啦散去一半，另一半胆大的，掉过头来与嫪毐的门客打在一起。秦王政见台下乱作一团，高喊道："生擒嫪毐，寡人赏钱百万！"

一声令下，秦王身旁的侍卫和宦官杀奔台下，附近百姓听说嫪毐造反，纷纷操起家伙，前来助战，恨不能亲手宰了这个臭名远扬的淫棍。片刻工夫，嫪毐手下死的死，逃的逃。嫪毐见大势已去，与肆佐、弋竭杀出重围，直奔东门而去，到了城门下没想到正遇到上桓龁率大军来到，三人活活束手就擒。

平息了祈年宫之变，秦王政亲率大军杀到大郑宫，在密室内搜出太后与嫪毐奸生二子。秦王怒不可遏，命令左右将两个不满两岁的孩子装入布袋用乱棍打死。太后躲在宫中，听见孩子的惨叫声，心如刀绞，又不敢去救，只有暗自啼哭。

嫪毐被判车裂之刑，门客四千余人迁往蜀地。肆佐、弋竭被斩首示众。太后被迁谪木或阳宫。秦王政派300人前去看守，出入盘查甚严。

嫪毐临刑前招供：服侍太后一事，出自吕不韦之谋。秦王平定了嫪毐之乱，起驾回到咸阳，尚父吕不韦畏罪称病，不敢朝见。秦王召集群臣，要治吕不韦死罪，无奈群臣与吕不韦平素交情甚厚，纷纷劝谏："不韦扶立先王，功劳甚大，何况嫪毐所供并未与不韦当面对质，空口无凭。不韦不该受此株连。"

秦王政见吕不韦老树根深，枝繁叶茂，要想拦腰斩断，恐怕这棵粗壮的老树倾倒之时，会祸及自身，眼下唯一的办法是，将这棵盘根错节的老树挪出朝廷，使朝

出土于楚国贵族墓中的镬鼎

煮食炊具

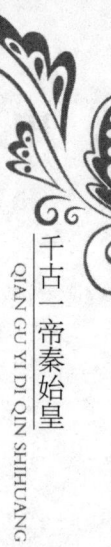

廷上下得不到庇荫。它离开了肥沃的土壤，便会慢慢地凋零、枯死。

当吕不韦被罢免丞相之职，举家迁往洛阳之时，才真正体会到了什么叫"作茧自缚"。

秦代刑具。

纳谏求贤恩威并施

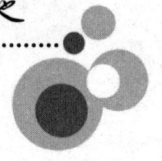

时令已是初夏,咸阳地区却连降大雪,天气异常寒冷,百姓猝不及防,感染疾病,死者无数。民间流传这样一种说法:"秦王政驱逐太后,子不认母,才降此灾难。"

秦王政残酷无情、六亲不认,更是引起了朝中忠直之士的不满,纷纷劝谏秦王。首当其冲的是大夫陈忠,他劝秦王政道:"天下哪有不认母亲的儿子?大王应该将太后接回咸阳,以尽孝行,也许天气便会正常。"

面对这位忠臣的直言劝谏,秦王政愤怒无比,太后不顾廉耻,纵欲无度,还阴谋篡权,要置我于死地,你却替她求情,岂不是为虎作伥?不由分说,秦王政下令将陈忠衣服剥光,按倒在蒺藜之上,乱棍打死。秦王仍感到不解心头之恨,传令将陈忠的尸体摆放在宫阙之下,并贴出告示:"凡进谏与太后之事有关者,

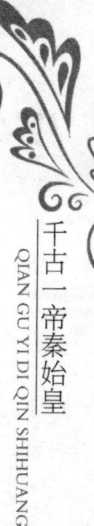

下场如此!"

秦王政自认为如此一来,便可慑服臣下。谁曾想,接连3天,朝中的忠直之士不断冒死进谏。结果,排列在宫阙之下的尸体竟达27人之多!秦王政让手下将这些大臣按进谏的顺序排成一列。一个比一个刑重,那第27位进谏者,已是面目全非,惨不忍睹。

秦王政杀戮忠臣一事,在咸阳城内传得沸沸扬扬,这可惹恼了一人,他便是齐国的游侠茅焦。

这天,茅焦来到咸阳,找了家客店刚要上床安歇,听到同住的几位客人在议论秦王逐母杀臣一事。茅焦是位刚烈汉子,平时最重忠孝侠义,怎受得了如此残暴之行,越听越气,从床上翻身坐起,骂道:"身为人子,囚禁母亲,岂不是逆天而行?"当即叫来店主人,吩咐道:"准备热水,我要洗浴更衣,明早儿去见那不孝秦王!"

阳陵虎符:秦始皇调动军队的凭证

这话逗得同住的几位客人哈哈大笑。忍不住讥讽道:"那27人,都是秦王平日亲信之臣,尚且身遭不测,又怎少得了你一个布衣之人?"

茅焦道:"进谏的人到了27人便停止了,秦王从此便不会不接受劝谏;如果不只是27人,秦王听不听劝谏,就难说了。"

这番话听起来实在是别扭。同住的客人都说:"此人太迂,简直冥顽不化,他是不撞南墙不回头啊!"

第二天一大早,茅焦穿戴整齐,向店主人要来饭菜,将肚子喂饱,便要离店而去。店主人见状,扯住茅焦的衣袖劝个不停。茅焦主意已定,哪听得进去,索性甩掉外衣,挣脱开店主人,破门而去。

战国犀牛器座

银质弓弩架

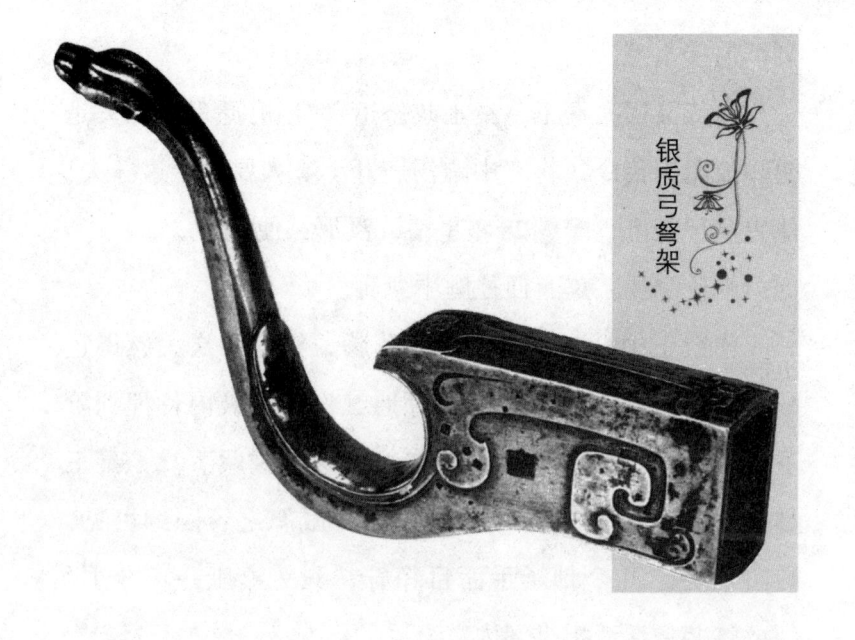

秦王政正在沐浴更衣,忽听宫阙下有人哭喊,真是大清早便碰上讨债的,别提多扫兴了。"又是为太后的事?"秦王问道。

内侍出来一问,回报秦王:"这人果然是为太后之事求见。"

"你可以指着阙下尸体告诉他。"

内侍出来对茅焦说道:"你没看见阙下这么多死人吗?难道你吃了熊心豹子胆不怕死!"

茅焦哭喊道:"臣听说,天上28座星宿降落到地上,人世间便会有伟人诞生,现在死者已有27人,臣之所以前来,就是要凑足这个数啊!古来圣贤,谁人不死!臣

又惧怕什么？"

内侍又回禀秦王，秦王政怒道："岂有此理，狂夫是明知故犯。传令快将庭中罐汤烧开，寡人要煮烂这狂夫！他想全尸阙下，凑成28座星宿，没那么便宜！"

内侍拿住茅焦，便往庭中急奔。

朝殿正中，一口巨锅热气蒸腾，锅底的炭火燃得正旺，映照着巨锅的四周，一片通红。茅焦被内侍押到阶下，听到锅内的沸水正汩汩作响。透过蒙蒙蒸汽，秦王高坐台上，头戴王冠，腰悬长剑，威怒之容隐约可见。殿阶两旁，几个刽子手面目狰狞，只等秦王一声令下，便要将茅焦活活扔进锅内。

"来人！"秦王政一声喝令："寡人今天要看看生煮活人是什么景致！"

几个刽子手上前捉住茅焦，直奔巨锅而去。离巨锅只有几步，茅焦猛地站住，奋力一抖双肩，挣脱开刽子手，向秦王奏道："大王能否宽忍片刻，容臣把话说完？"

"狂夫有话快讲！"

茅焦向秦王叩拜道："臣茅焦听说：'有生者不讳其死，有国者不讳其亡；讳亡者不可以得存，讳死者不可以得生。'生死存亡之计，贤明君主应该时刻牵挂在心，大王是否想听臣直言？"

秦王政见茅焦举止镇定从容，又见茅焦提及治国之术,句句铿锵,面容稍缓,准道:"你有何良策,不妨直说。"

只听茅焦谏道:"忠臣不进阿谀之言,明主不蹈狂悖之行。君王有逆天之行,而臣不劝谏,是臣辜负君王;臣有忠直之言,而君王不采纳,是君王辜负臣下。如今大王有逆天悖行,大王却不知,臣下有逆耳忠言,而大王却不听。可惜啊可惜,秦国将要陷入绝境啊!"

秦王主政,最大的愿望就是想把秦国治理好,不负先祖遗愿,最关心的,也是秦国的江山社稷。眼前这人提到社稷将危,秦王怎不恐慌?沉思良久,终于说道:"茅先生尽管直言,寡人洗耳恭听。"

秦公簋

茅焦直视秦王,问道:"大王果真以天下为己任?"

"当然!"口气坚定,毋庸置疑。

"大王可否知道,如今四方诸侯所以尊奉秦国,并不是惧怕秦国的威力,而是因为大王有统一天下的雄心壮志。因此忠臣志士云集秦廷。眼下大王车裂假父,有不仁之心,棍杀两弟,有不友之名,驱逐母亲,有不孝之行,诛戮忠臣,有桀纣之罪。大王自称以天下为己任,却行事如此,又怎能令四海归服,天下一统?臣自知此

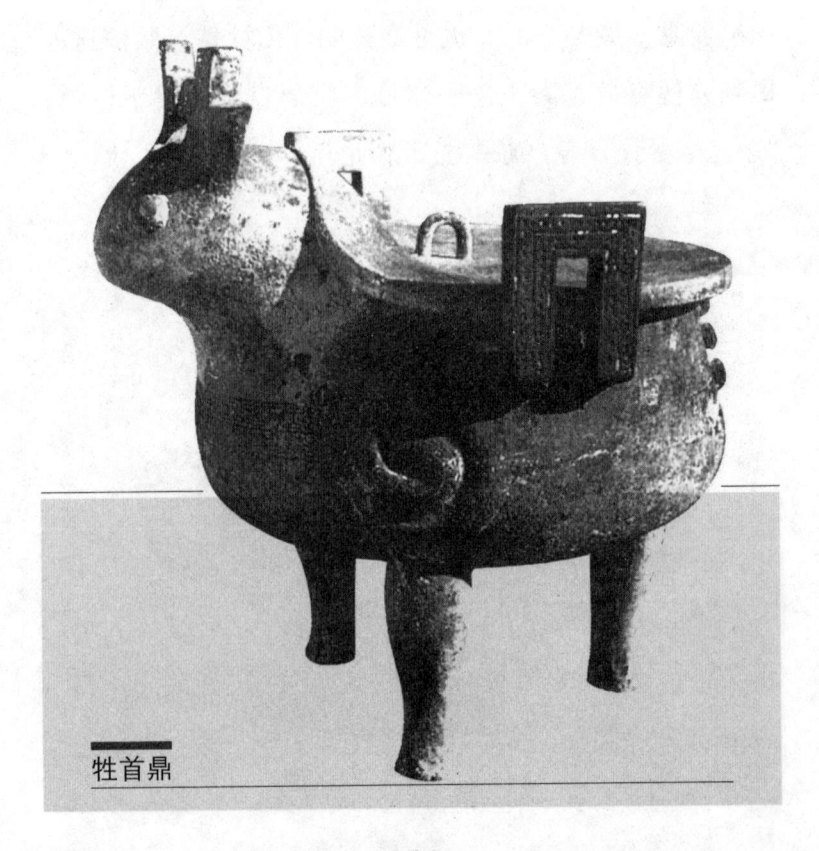

牲首鼎

来必死无疑，只怕臣死之后，28位进谏者下场如此，有谁再敢进谏？果真如此，怨谤沸腾，君臣离心，百姓惊恐，诸侯将叛，可惜啊！秦国帝业功将垂成，却毁在大王手中。臣茅焦已无话可说，请受汤罐之刑。"言罢，茅焦甩掉内衣，直奔那滚沸的巨锅。说时迟，那时快，只见秦王从台上腾身跃起，飞步赶到，一把拽住将要落入巨锅的茅焦，高呼："快将汤罐撤走！"

秦王政让内侍取来衣服，给茅焦穿上，又请茅焦坐在上宾之席，躬身道歉："那些进谏的大臣，只是把罪责推在寡人身上，却不曾明悉存亡之计，先生使寡人茅塞顿开，寡人敢不敬听！"

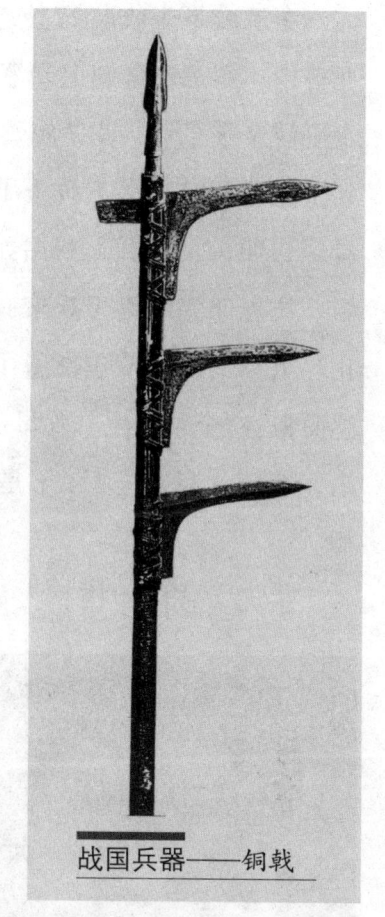

茅焦再拜谏道："大王既然认为臣的话有理，请大王立刻准备车驾，去迎接太后；阙下那27尸，都是忠臣血肉，还望大王厚葬！"

战国兵器——铜戟

秦王政下令收取27位忠臣尸体,各具棺木,同葬于龙首山,秦王在墓碑上亲笔题写"会忠墓"三字。当天,秦王政亲乘车驾,让茅焦驾车,前往木或阳宫迎接太后。到了木或阳宫,秦王政下了车辇,跪行进入宫中,见了母亲,叩头大哭。太后泪如雨下。母子俩经历了风风雨雨、恩恩怨怨,终于欢聚一堂,感动得众位大臣泪流不止。太后又特为茅焦准备了一桌酒宴,请至上席,太后感谢道:"全仗先生,我母子俩才得以团圆,先生恩重如山,哀家永世难忘!"于是秦王拜茅焦为太傅,位居上卿。

这天,咸阳大街,人如海潮,喜庆气氛胜过节日。人们已翘盼多时,忽听有人高喊:"到了!"只见挤得密不透风的大街,在仪仗队的前导下,慢慢闪出一条仅供车辆行走的小道。仪仗队过后,一辆华丽的车辇出现在观众面前。顿时欢声雷动:"欢迎太后归

战国人俑铜灯局部

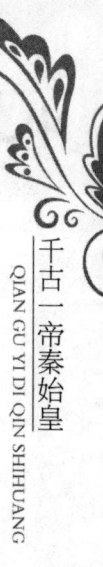

来!"

"我主贤孝,功德无量!"

各国听说吕不韦被罢免丞相,迁往洛阳,纷纷派使者前来问安,并以相同之位竞相邀请吕不韦前去参政。一时间,吕不韦门庭若市,声势反超过从前。眼瞅着猎物落网,岂能让它挣脱。秦王政当机立断,修书一封,派人交给吕不韦。

> 君何功于秦,而封户十万?君何亲于秦,而号称尚父?……其与家属迁居蜀郡,以郢之一城,为君终老。

吕不韦读罢,才真正体会到了秦王的狠辣。先是免职,继而迁居洛阳,如今又贬谪蜀地。下一步呢,难道秦王真的如此薄恩寡义,非要置我于死地?

一想到秦王那两道利剑似的目光,吕不韦便惊恐不已。自己所做的一切,仿佛早已被秦王那明察秋毫的利目刺穿。

吕不韦从柜中取出一个小纸包,倒入杯中,将酒斟满,一口干了下去。他就如此这般结束了自己的生命。他当时心中所想,后人不得而知。

"秦王有旨,凡他国宾客,不许留居咸阳,限三日内离境!"这是秦王政发布的政令。

　　李斯接到逐客令,便好似抱着热炭亲嘴,碰了一鼻子灰。自己好不容易熬到客卿之位,得以参与政事,正要一展宏图,哪知好景不长。自己的满腔抱负,将随着这一纸逐客令付之东流,就因为自己是吕不韦的门客,便落得被驱逐出境的下场。

　　李斯深知秦王政的为政之道,做事果断坚决,只要秦王认为对的事,别人很难劝阻。这使秦王手中的权力更具威严。"宽猛相济,恩威并施",这也许是秦王主政以来,朝廷上下为之兢兢业业、极力尊奉的原因吧。秦王为政,虽说有时未免残酷些,但无论如何,秦王以江山社稷为重,他勤于政事,志向远大,六国君主不可同日而语,正因为此,四海宾客才会云集咸阳,渴盼秦王能垂青臣下,共成伟业。可是眼下,秦王却下令驱逐朝中客卿,三天之后,秦宫将是门庭冷落,被驱逐的客卿竞奔六国。李

李斯故里

斯不敢再想下去，他走到案前，略微沉思，开始奋笔疾书。书罢，李斯将信函封好，交给信使，让他务必转交给秦王。

李斯坐在车中，听着马蹄得得、车轮辘辘，秦宫渐远，朝政将息，李斯心中不由得一阵酸楚。自己由一个落魄书生，拜在荀子门下，经过数载寒窗的磨砺，终于成为饱学之士，没想到刚刚踏上仕途，渴望建功立业之时，却撞得头破血流。李斯不禁苦笑了一声，掀开车帷，不知不觉，已经到了骊山脚下。

李斯吩咐停车暂歇，登上高处，放眼望去，咸阳城已经消失在沉沉暮霭之中。一种被抛弃的失落感再次涌

荀子

上心头，李斯无奈地摇了摇头，刚要移步下山，忽听一阵纷沓的马蹄声，只见一队骑兵飞奔而来。李斯猛地一惊，莫非秦王改变了主意，要斩尽杀绝？没想到自己最终还是没能逃过厄运。

"秦王有旨，赦李斯等客卿无罪，官复原职，即刻回宫朝见。"

李斯简直不敢相信自己的耳朵！

秦王政坐在御案前，手捧李斯的《谏逐客书》，朗声念道：

> 臣闻泰山不让土壤，故能成其高；河海不择细流，故能成其深；王者不却众庶，故能成其德"……昔穆公之霸：西取繇余于戎，东得百里奚于宛，迎蹇叔于宋，求公孙枝于晋……孝公用商鞅，以定秦国之法；惠公用张仪，以散六国之纵；昭王用范雎，以获兼并之谋：四君皆赖客卿而成功，客卿何负于秦哉？……大王必欲逐客，客将去秦而为敌国之用，求其效忠谋于秦者，实不可得也。

这篇文章，秦王已不知读过多少遍了，每读过一遍，都不禁心潮起伏。祖先的用人之道，秦王也曾多次赞叹过,可是要让自己亲身躬行,却比登天还难,是李斯的这篇奇文,使秦王政幡然悔悟。此时,秦王政才深切地感受到,统一江山,并非自己一人便能做到,必须广纳贤士,群策群力,方能成功。秦王政要让朝中群臣传阅这篇文章,使朝廷上下振奋精神,同心协力创建伟业。

李斯回到咸阳,进宫叩见秦王,谏道:"当初穆公成就霸业之时,诸侯纷争,周室未衰,难以施行兼并之术。自孝公以来,周室名存实亡,中土仅存六国,秦国雄踞天下。如今大王圣明贤达,拥有强兵劲旅,已成囊括四海、包举宇内之势,正是建功立业之时,大王万不可错过。如果坐等诸侯发愤图强,合纵抗秦,大王将后悔莫及!"

一席话正中秦王心意,秦王情绪高昂,问道:"寡人一心致力于吞并之道,但不知从何做起,爱卿可有良策?"

李斯道:"臣以为,韩国是秦国近邻,国弱兵微,先取韩国,借此威慑五国,乃为上策。"

秦王政决定派内史腾率10万大军攻打韩国。

李斯《谏逐客书》

却说韩王安听说10万秦军正逼近韩国，慌忙召集群臣商议对策，群臣议论来议论去，归根结底还是那句老话："韩国地处秦、楚两强之间，饱尝兵患之苦，如今五国'合纵'兵败，各奔东西，难以聚合，秦国攻打韩国，便似探囊取物一般，韩国怎能抵挡？"

韩王安扫视殿中群臣，个个如霜打了的茄子，蔫头蔫脑。韩王无奈，只得宣布散朝。公子韩非仍站在殿前，心事重重，似有所言，却又犹豫不决。这也难怪，韩王心想："自己的这位堂兄往日多次上书，自己都没有采纳，看来，在这风雨飘摇之际，还得仰仗这位堂兄出手相助了。"

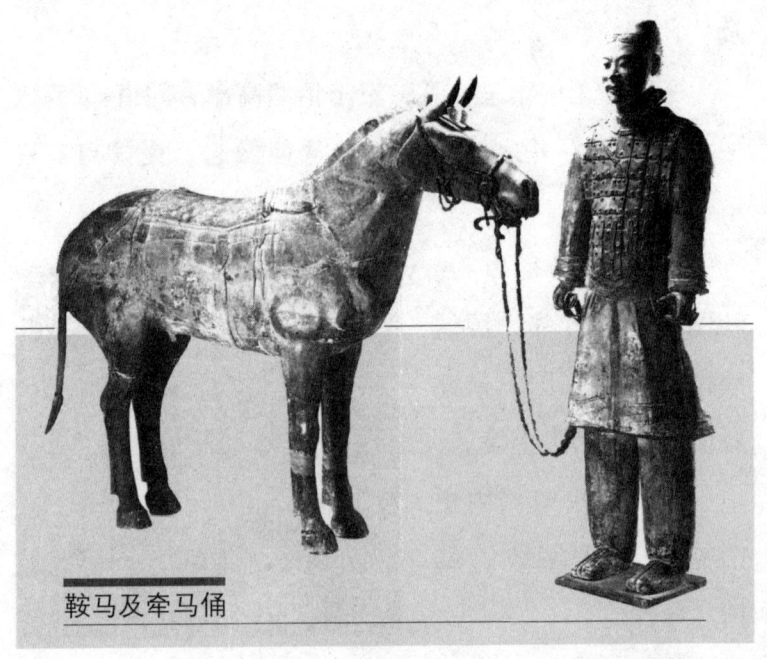

鞍马及牵马俑

韩王安决定派公子韩非西游秦国，劝秦王退兵。但韩非却另有打算，心想：韩王平时对自己的上书不闻不问，深恐自己的才华危及他的王位，出使秦国一旦成功，回到韩国，气量狭窄的韩王必会对自己倍加防范，自己的济世之才如何得以施展？不如借出使秦国之机，留在秦国，帮助秦王完成统一大业。

韩非来到咸阳，与秦王秉烛长谈，彻夜未眠。李斯得知此事，心内恐慌。无疑，这个昔日同窗的到来，使自己在仕途上又多了个竞争对手。韩非满腹经纶，才高八斗，是荀子最得意的门生，一旦被秦王启用，前途不可限量。

不如趁其锋芒未露之时……李斯面含杀机，直奔宫中去叩见秦王。他摇唇鼓舌，说服秦王把韩非打入天牢之中。

"秦王把我关押在这儿，我究竟犯了什么罪？"

"韩公子，你可曾听说：'一山不藏二虎，一栖不能两雄。'当今世上，有才的人如果不被重用，便是被杀掉。都说韩公子才学高深，没想到却问出这么迂腐的话

来！"狱官不住地摇头叹息。

韩非终于明白了，是他的昔日同窗断送了自己啊！韩非解下冠缨，打好扣结，套在脖子上。

韩王听说韩非已死，惊恐不已，请求举国称臣。

秦王政连着两天没合眼，此时仍毫无倦意。白天与众臣商议完朝政，秦王想到的第一件事，便是回到书房伏案拜读。手捧《说难》《孤愤》《五蠹》《说林》……这些惊世之作。仿佛韩非就坐在对面，像初次见面的那天晚上，将王道、帝业娓娓道来。"儒以文乱法，侠以武犯禁……"每当秦王政读着这些精辟的论述，都禁不住心潮澎湃。秦王用自己的为政之道与书中的阐述相互印证，感到自己所做的，实在微不足道，但同时，韩非的著作有如法宝一样，在指引着自己乘风远航，去达到成功的彼岸。秦王政再一次深切地体会到，要成就帝业，必须广纳贤士，也更加佩服穆公求贤若渴的敬业精神。

秦王政来到窗前，此时，一轮红日正喷薄欲出。秦王放眼望去，仿佛自己便似那彤彤朝日，将辉映宇内，赐福苍生。韩非慷慨激昂的话语又一次回荡在耳鼓："臣敬爱大王贤德，愿效忠大王。大王用臣计策，如不攻破赵国，灭掉韩国，楚、魏不俯首称臣，齐、燕不依附阙下，臣愿以死相谏！"

秦王政猛地转身，奔到案前喊道："来人！传寡人旨令，赦韩公子无罪！"

内侍秉道："大王怎么忘了？韩公子怕大王用刑，已经自尽。"

秦王一屁股坐在御椅上，顿感眼前金星乱迸，整个书房转个不停。"可惜啊，可惜！"秦王政不住地摇头叹息。

胡服骑射

中华爱国人物故事
ZHONGHUA AIGUO RENWU GUSHI

战国木俑

"韩公子与你同窗共读，你不念同门之谊，却行不义之举，扰乱朝纲，谋害忠良，拉下去，斩了！"

秦王一声怒喝，刽子手手起刀落，"噗"的一声，一颗血淋淋的人头滚落到地上。李斯猛然翻身坐起，浑身已是冷汗淋漓。李斯下意识地摸了摸脖子，才敢相信这是一个噩梦。李斯不敢再睡，披衣下床，来到书房，点燃油灯，面对着那扑闪的火光兀自发愣。这些天，秦王不止一次当着自己的面夸赞韩非，言外之意，是在指责自己，看来，要使秦王深信自己，必须找到一位胜过韩非才能的人。

李斯终于想起了一人，这便是魏国来的客卿尉缭。当李斯将尉缭举荐给秦王政时，总算看到了秦王的脸色由阴转晴。

"不过，尉缭清高自傲，大王任用此人，一定要以礼相待！"李斯提醒秦王。

秦王政亲自来到尉缭客馆，尉缭的弟子王敖慌忙入内禀报。秦王满指望尉缭会出来迎接，没曾想王敖出来说："先生在客厅候见。"秦王政在王敖的引领下，来到客厅，却见一人手拈胡须，两腿叉开，正舒舒服服地躺在太师椅中闭目养神呢！秦王满脸谦恭之色，口呼"先生在上！"快步走到尉缭面前，见尉缭并未起身答礼，秦王政"扑通"一声跪倒在尉缭面前，道："寡人何德何能，使尉先生屈尊于阙下，还望先生多多赐教！"

那尉缭的双眼总算开启了一条细缝，好似在品玩一件稀世之宝，将秦王的面目表情琢磨了个够。终

尉缭子兵书与孙子兵法齐名

于,尉缭的视线停留在秦王那双长目上。那双长目此时正满含着渴求。只见尉缭轻抖衣袖,飘出一张纸签儿,落在秦王脚下。秦王慌忙捡起,上面写有四字。秦王略微沉思,猛然醒悟谢道:"谨遵先生教诲!"

秦王政尊尉缭为上宾,衣食住行与自己相同,常常到尉馆长跪请教,但没想到,一天晚上,尉缭却带着弟子王敖偷偷逃出了咸阳。

铜石权

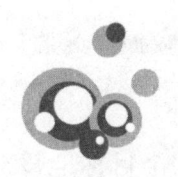

重贿郭开反间李牧

"弟子有一事不明，秦王对先生恩重如山，先生为什么要逃走呢？"王敖问道。

"秦王这个人啊，隆鼻长目，鸷胸豺声。从相术上来说，这种人刻薄寡恩，内怀虎狼之心。不得志时，勤奋恭俭，礼贤下士；一旦得志，必会视臣民如草芥。现在我身为布衣，秦王有求于我，因而对我敬爱有加；但将来他得到天下，恐怕会像对待奴隶那样来对待我，不如趁早逃跑！"

尉缭回头望着大队人马，无奈地摇头自语道："也许这就是命数吧。"原来，奉命来追尉缭的人马已经赶到。

秦王政将尉缭迎回朝廷，拜尉缭为太尉，主掌秦国兵权。尉缭的弟子们都被拜为大夫。秦王政采用尉缭的四字方针：反间重贿。取国库30万两黄金，分别派遣使者潜伏到各诸侯国。他们的任务是：用重金贿赂那些宠

臣权贵，离间君臣，搜集情报。

这天，秦王又来到太尉府中，向尉缭请教兼并之术。一场反间行贿的战役在紧锣密鼓地筹划着。

尉缭的意见是：韩国已举国称臣，下一个目标应该兴兵攻打赵国，可秦王担心的是，赵王前不久还来到咸阳朝拜，要攻打赵国，实在没有借口。于是尉缭建议秦王先派兵佯装攻打魏国，给魏王施加压力，再派王敖去游说魏王，劝魏王向赵国求救。赵王的宠臣郭开，是个贪得无厌之人，用重金贿赂郭开，让他劝赵王出兵救魏。这样，便有借口攻打赵国了。

魏国朝殿中，魏王正在召见王敖。

魏国钱币

邺城遗址

"大王可曾听说秦将桓齮率领10万大军正向魏国逼近？"王敖问道。

魏王早已得知10万秦兵踏出函谷关、正向魏国进发的消息，自知兵力弱小，难以抵抗，忙问王敖："先生可有退兵之计？"

王敖道："大王如果把邺城献给赵国，求赵王派兵驻守，秦王必会迁怒于赵，去攻打赵国。大王割让一城，却保住了大片国土，又不费一兵一卒，何乐而不为呢？"

"万一赵王不肯派兵驻守邺城呢！"魏王仍举棋不定。

王敖奏道："赵王的一举一动，都掌握在宠臣郭开手中，臣与郭开交情深厚，臣愿出使赵国，想必郭开定会竭力相助。"

魏王决定割让邺城及所属3城，委派王敖携带国书出使赵国。

王敖来到赵国，私下拜见丞相郭开，献上3 000两黄金，郭开当即答应去劝说赵王派兵接管邺城。

邯郸朝殿中，赵王如坐针毡。秦兵锐不可当，赵将扈辄连连败北，邺城失守。秦兵又大举进攻，接连攻下9座城池。

"启禀大王，廉将军眼下虽说身在魏国，但仍心系赵室，当此用人之计，大王何不把廉颇召回？"唐玖的这个建议，立刻得到群臣的赞同。

一提到这碴儿，郭开的眼前立刻浮现出廉颇怒目圆睁，在朝殿上当众唾骂自己的场面，心道："我费尽心机才将这老贼赶出赵国，他要是回来，怎能有我的安身之地？"想到此，郭开上前谏道："廉将军已年近70，臣听说已是老迈不堪。大王将他召回朝廷，万一不能任用，只会增加他的怨恨。臣以为不如先派人去查探，他果真体力充沛，再召回来也不迟。"

赵王一想也是。便问道："哪位爱卿可为寡人前去慰问廉将军？"

郭开奏道："唐大人善于辞令，与廉将军交情深厚，堪当此任！"

唐玖禁不住打了个寒战，方知言多有失。

唐玖回到府中，独自喝着闷酒，心事重重。郭开眼下正似那爆炒了的虾米，红得很，自己怎么就忘了郭开与廉颇是一对冤家呢？正在焦虑之时，忽听手下来报："郭丞相到！"

唐玖慌忙来到客厅迎接。唐玖接过郭开献上的200两黄金，慌忙说道："郭丞相有何见教，在下定当竭力遵奉！"

郭开逼视着唐玖，说道："廉颇与郭某素不相善。唐大人此行，如见他精力衰颓，自不必说；若是他身强体健，相烦大人回复赵王时，就说廉颇老迈不堪，大人能否办到？"

唐玖像小鸡啄米似的连连点头，心里的一块石头总算落了地。

赵王派大臣唐玖前来问安，廉颇仿佛又看到自己当年金戈铁马、气吞万里如虎的雄姿。如今赵王派大臣前来慰问，送来良马宝甲，可知赵王

廉颇墓碑

必是回心转意。蒙冤多年终得昭雪,廉颇怎不激动万分!宴请唐玖的这顿晚餐,可以说是廉颇有生以来吃得最多的一次:一斗米、十几斤肉,风卷残云般一扫而光。廉颇要让赵王知道,自己老当益壮,仍能奋勇杀敌。饭后,廉颇豪情大发,身披赵王所赐宝甲,一跃上马,驰骋如飞,手中长戟呼啸生风,威风凛凛,气壮山河,胜似当年。

负荆请罪

但廉颇做梦也不会想到，唐玖回到邯郸，却向赵王如此奏道："廉将军虽说年老，饭量倒是不错。只是消化不好，与臣同餐，只片刻工夫，便去厕所拉了三次屎。"

赵王叹惜道："战场上怎能受得了屎急？看来廉颇是老了。"

无奈，赵王只好增兵援助扈辄。

王敖奉秦王之命，开始实施下一个计划：收买郭开。

"丞相难道不怕赵国灭亡吗？为何不劝赵王召回廉颇？"王敖在试探郭开。

郭开眯起三角眼，奸笑道："赵国是存是亡，不过一个国家而已；可是我与那老贼廉颇，却有不共戴天之仇，岂能让他卷土重来！"

"万一赵国灭亡，丞相可曾想好退路？"

"我早已有了打算。齐、楚两国朝廷都有我的亲信，到那时，我可以随便选择一个。"

王敖暗道："这奸贼果然老谋深算。"便进一步试探

秦代铜马车的构件
——鸭嘴形银钩

道："丞相可否想过，齐、楚如同赵、魏一样，迟早都会灭亡。秦国有吞并天下之势，您何不投靠秦国？秦王宽宏大度，礼贤下士，于人无所不容。"

"我对秦国没有半分功劳，秦王怎会接纳我？"郭开犹豫道。

"丞相有所不知，我献给您的3 000两黄金，便是秦王让我转交给您的。秦王许诺，赵国一旦灭亡，便拜您为上卿。您在赵国的良田美宅，也尽归您所有。"王敖见郭开眉开眼笑，便趁热打铁，从怀中掏出一张贿单，献给郭开："这是秦王送给丞相的7 000两黄金，共是1万两，在下已悉数献上。秦王渴盼与丞相结为知己，共图大业。"

郭开终于成了秦国的忠实奴才。

秦王政十一年，桓齮奉秦王之命，继续挥师而进，直捣赵国宜安，斩杀扈辄及10万赵军。赵悼襄王惊恐万分，得病而死，太子迁即位。

但是就在桓齮的10万大军进逼邯郸时，却遭到了赵将李牧的重挫，桓齮损失10员部将，士卒死伤无数，桓齮被李牧一路追杀，败归咸阳。

桓齮都不是李牧的对手，还有谁能应敌呢？朝中武将一个个在秦王脑海中掠过，终于，秦王想到了王翦，这员大将有勇有谋，想必可与李牧一决高低。

秦王政命王翦率10万大军攻打赵国。又派杨端和领兵5万配合作战。两军出发之后，秦王为了保证取胜，再派内史腾统兵10万，在上党扎营，作为后应。

却说王翦和杨端和两路军马与赵军在灰泉山相遇，只见赵军连营10里，壁垒森严，营内动静，无从知晓。王翦多次挑战，李牧却坚守营垒，不予理睬。出征前，王翦和秦王曾详细地分析了李牧用兵的特点：以坚守著称，善于出奇制胜。王翦素以治军严谨自负，但眼下李牧坚垒不出，自己怎敢贸然进攻。如此相持下去，秦兵远离本土，损耗粮资，将士思归，军心涣散，到那时，李牧突发奇兵……王翦自知，这回是碰到强手了。无计可施，王翦只好派部下速回咸阳，向秦王请示。

部下带回秦王的手谕是："与之通好，频繁交往。万不可达成条约，寡人自有计策。"

就在王翦照旨行事之时，王敖再次来到邯郸密见郭开。王

李牧

中华爱国人物故事
ZHONGHUA AIGUO RENWU GUSHI

战国晚期铜人

敖又献上5千两黄金，进道："李牧与王翦私自讲和，秦王答应破赵之日，把雁门郡献给李牧，让他自立为王。丞相如将此事禀告赵王，劝赵王召回李牧，丞相的功劳非同小可。"

郭开受秦王赏赐颇多，一心要投靠秦国，怎敢不从？赵王迁听信郭开谗言，派人前去李牧营中查探。果然发现王翦信使频频出入赵营，赵王信以为真，忙召郭开商议对策。郭开趁机向赵王密奏道："如果大王派人手持兵符，到军中拜赵葱为主帅，就说：'召李牧回邯郸担任相国。'他一定不会怀疑。"

李牧万没想到，就在大功将要告成之时，却被召回邯郸，眼下王翦不断派人求和，自己全然不理，久而久之，敌方必会军心涣散，自己便可出奇制胜。李牧深知，赵国再也输不起了，如果交出帅印，赵葱带兵，必会惨

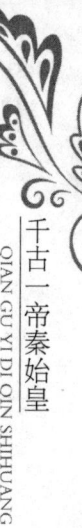

败，想到此，李牧长叹了一声，道："我曾经痛恨乐毅、廉颇晚节不忠，深以为戒，没想到今日却轮到自己！"于是趁夜深之时，怀揣帅印逃出营中。

赵葱深恨李牧不肯交出帅印，便派手下四出追捕，可怜一代名将无处藏身，惨遭杀害。

秦王政十九年，攻下邯郸。俘虏赵王迁。当秦王封郭开上卿之职，赵王迁才知道自己的江山原来是葬送在这个奸臣手中。

邯郸

燕丹报秦荆轲赴义

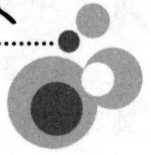

燕太子丹总算逃回了燕国。

太子丹不会忘记儿时的那幕情景：小赵政愤怒得像头发了疯的狮子，不顾一切地冲进那片"弃儿！弃儿！"的叫喊声中。那次，是自己"路见不平"，帮着赵政打散了那群孩子。从此，两人成了好朋友。

但太子丹的脑海中，又浮现出另外几幅画面：秦王政冷漠的眼神、监狱似的客馆、猪狗食一般的饭食……这就是在秦国做人质时，秦王政给太子丹的回报。

"报仇！我要报仇！"太子丹声嘶力竭地怒喊。这声音回荡在殿堂之中，撕心裂肺。但在太子丹的老师鞠武听来，却显得那么空泛无力。

"危急之时想求平安，灾难到来却求幸福，计划粗陋侥幸成功，为了个人恩怨，便不顾国家安危。这不正是飞蛾投火，自取灭亡吗？"鞠武劝道。

"不，老师，弟子求您老人家，为了报仇，弟子不惜一切代价！"太子丹跪倒在老师脚下。

"唉，为师无能为力，不过，为师有位朋友，名叫田光，此人智谋高深，就看你们的缘分了。"

太子宫殿。太子丹搀扶着田光来到殿内，旁观的门客见田光弯腰驼背，老迈不堪，窃笑不已，太子丹慌忙将他们屏退，然后扶着老人来到上座。太子丹用手将座席拂拭一遍，请老人坐下。待老人坐好，太子丹屈膝跪下，向老人请教："燕、秦势不两立，眼下燕国危在旦夕，弟子久闻先生智勇双全，恳请先生助弟子一臂之力！"

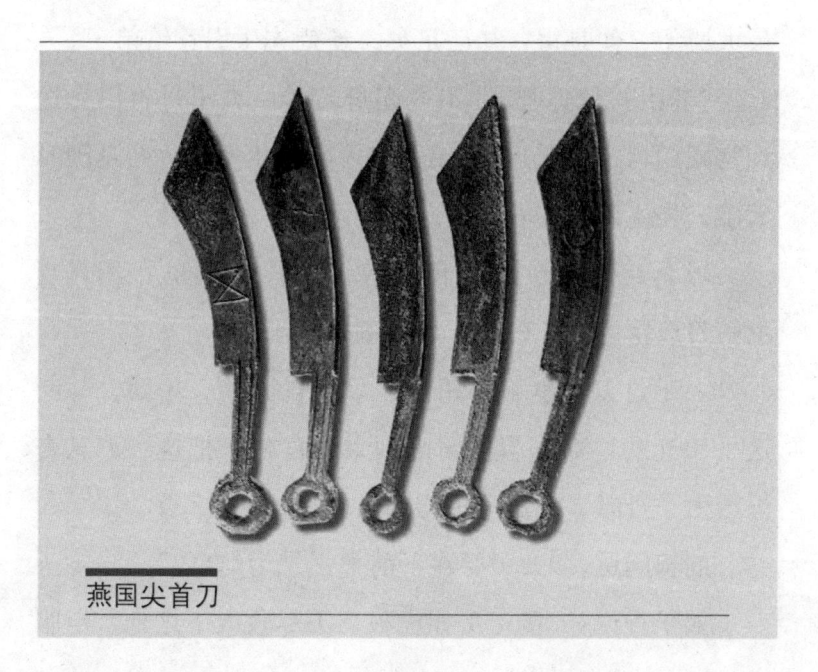

燕国尖首刀

田光叹道："老臣听说：'良马盛壮之时，日奔千里；衰老之日，驽马不甘其后。'太子只知盛年时的田光，却不知田光如今已经精衰力竭。"

太子丹忙问："先生结交甚广，敢问可有像您盛年时的朋友？"

田光摇了摇头，道："难啊！不过老臣听说太子门下豪杰众多，不妨请他们出来，让老臣看看他们的相貌。"

田光查看了太子丹的3个最得意的门客后，认为都不如自己的朋友荆轲，此人"乃神勇之人，喜怒不形于色"。

太子丹一听，双手拽住田光衣袖，求道："弟子平生最大愿望，便是得一知己足矣，还望先生引荐给弟子。"

"老臣就依你吧。"田光起身告辞。太子丹将田光送到宫殿门口，叮嘱道："弟子方才与先生所议，乃是国家大事，先生谨记在心便是，万不可向旁人提及！"

田光点头笑道："老臣怎敢，你会放心的。"田光当荆轲答应帮助太子丹时，便拔剑自尽了！

太子丹怎么也不会相信，只因自己的一句话，却断送了田光的性命。当荆轲来到太子宫殿，把这个消息告诉给太子丹时，太子丹惊愕不已。

荆轲问道："太子要在下前来，是为何事？"

太子丹说："秦王贪如虎狼，不尽收天下之地、臣服海内之王，就不会罢兵休战。燕国弱小，即使倾尽举国之兵，也无从抵抗。以我个人之见，如果能得到天下勇士，借出使秦国之机，用重利引诱秦王上钩，将他劫持在手，便可迫使他退还所侵占的诸侯土地，如果秦王不答应，便将他刺死。目前秦国大将统兵在外，秦王一死，朝廷上下必会相互猜疑，动荡不安。借此机会，诸侯合力攻打秦国，必会取胜。"

荆轲沉思良久，才说："这是燕国大事，恕臣愚劣无能，恐怕难当此任。"

太子丹跪倒在地，恳求道："燕国的生死存亡，全握在先生手中，务望先生不要推辞！"

在秦将樊於期的馆舍旁边，很快又筑起了一座宾馆，

燕国青铜弩机

这便是荆馆。樊馆与荆馆相互辉映，远胜过太子宫的富丽堂皇。山珍海味、奇珍异宝、良马雕车、美女歌妓，供荆轲尽情享用。太子丹还每日亲临荆馆问候。

一日游览东宫，荆轲见池水中的一只巨龟四脚朝天地躺在水面，将头缩在脖子里，煞是悠闲自在。荆轲忍不住童心大发，随手拾起一粒石子，向池中投去。陪同的太子丹见了，立刻从衣袋中掏出一把东西递给荆轲，荆轲接过一看，乃是数粒金丸。

又一日，两人在校场上骑马习射。荆轲闲谈中提起马肝的味道十分鲜美。到了晚宴，席上有一盘马肝。荆轲一问，才知道太子丹竟将自己心爱的千里马杀了。

人生得一知己足矣！荆轲不禁感慨万千："太子丹对我如此敬重，我怎能不以身相报！"

时光在悄悄流走。不知不觉，荆轲来到太子丹门下已有半年。这天，荆轲正在庭院练习剑法，太子丹匆匆来见。荆轲见太子丹气喘吁吁，知是有要事相商，连忙收住手中长剑。果然，太子丹向荆轲说道："秦军眼下正向燕国南部逼近，燕国危在旦夕，我虽想永远服侍先生，但燕国一旦灭亡，我的愿望也将化成泡影了。"

荆轲怎会听不出太子丹的弦外之音，不禁叹道："没有使秦王感兴趣的东西，怎能接近秦王，将他劫持到手呢？"

千古一帝秦始皇
QIAN GU YI DI QIN SHIHUANG

战国武士木俑

085

"先生足智多谋，还望先生用心筹划。"

"只怕太子不会舍得。"

"只要我能办得到！"太子丹语气坚决。

荆轲目视着太子丹，缓缓说道："樊将军的人头，太子舍得吗？"

"不！不！"太子丹痛苦地喊道："樊将军在危难时投靠我，我怎忍心伤害他？还是想想别的办法吧。"太子丹乞求道。

荆轲自语道："看来只好如此了。"

荆轲私自来到樊馆，求见樊於期。

"秦王实在太狠毒了，杀了您的父母族人不说，还要用万两黄金和5座城池做悬赏来缉拿您，将军有没有想

燕国青铜器

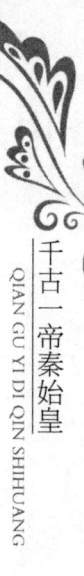

过报仇呢？"荆轲问道。

樊於期仰天长叹道："每当想起这些事，我怎不痛入骨髓！恨不能与秦王同归于尽，只可惜无计可施啊！"

"在下有一个办法，既可以挽救燕国，又能替将军报仇雪耻。"

"什么办法？"樊於期双目圆睁。

沉默。

"您为什么不说？"樊於期已急红了眼。

"在下实在难以出口。"

樊於期双目瞪出眼眶，仿佛秦王就近在咫尺，"只要能报仇，即便粉身碎骨樊某也在所不惜。快说！快说"！樊於期已将钢牙咬碎。

"在下的办法是，左手拽住秦王的衣袖，右手的匕首刺入秦王胸膛。"荆轲表情冷漠，缓缓说道："这样一来，将军的深仇报了，燕国的忧患也解除了。只是……"

"怎么样？"樊於期此时就好像看到那把锋利的匕首已刺入秦王胸膛，把秦王的心肝挖了出来……

"秦王狡诈多疑，在下恐怕难以近身，如能献上秦王最想要的礼物，他一定会亲自接见我。"

"到底是什么？"樊於期抓住荆轲的衣领。

荆轲一字一顿地说道："将军的人头！"

只听长剑"唰"的一声，手起剑落，樊於期已自刎

中华爱国人物故事
ZHONGHUA AIGUO RENWU GUSHI

秦代铜武士头

身亡。

秋天到了,窗外的蝉声在悲鸣,风吹落叶沙沙作响,荆轲伫立窗前,眼望着随风飘飞的树叶,一种孤独感不禁涌上心来。这些年,自己浪迹天涯,四海为家,多么像那片飘游不定的树叶啊!荆轲目送着那片落叶渐渐飘向高空,直到消失,不知它会飘向哪里。

荆轲的眼前又浮现出太子丹那急切的目光,看来不能再等了。可惜远方的朋友行踪不定,迟迟没有音信,要是他能前来相助,计划会万无一失吧。

荆轲领着秦舞阳来到了易水之畔。太子丹和门下宾客,身穿孝衣,头戴白冠,已等候多时。太子丹举杯敬

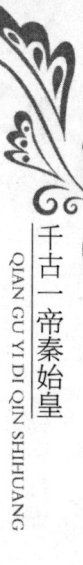

道:"燕国的命运,就掌握在您的手里,请先生满饮此杯!"荆轲接过酒杯说道:"人生得一知己,足矣!殿下的大恩大德,臣粉身难报!"说罢,一饮而尽。这时,席间响起了凄凉的筑声。荆轲和着筑声唱道:

风萧萧兮易水寒,壮士一去兮不复还!

荆轲仰天长啸,气冲霄汉,化作一道白虹,直贯日中,见者无不惊异。荆轲热血沸腾,慷慨激昂,高声唱道:

探虎穴兮入蛟宫,仰天嘘气兮成白虹!

歌声雄壮激烈,太子丹与宾客听罢,奋然抖擞,有

荆轲刺秦王(东汉石画像局部)

如大敌当前。荆轲牵着秦舞阳的手臂,一跃上车,催鞭疾奔,昂然而去。太子丹登上高处久久凝望,直到车马无影无踪,不禁潸然泪下。

秦宫正殿,秦王政高坐殿上,心情格外兴奋。今天的礼仪也分外隆重,朝殿中设下九宾大礼,来迎接燕国使者。秦王政重金悬赏樊於期,今日总算有了结果,未能手刃这老贼,秦王政感到有些遗憾,但燕王喜把肥沃的督亢之地拱手让给秦国,能够臣服诸侯,傲视天下,人生还有什么比这更快乐的呢!

满朝文武分列在朝殿两侧,已静候多时。只听秦王一声令下:"宣燕国使臣入见!"

在侍臣的引领下,荆轲和秦舞阳一前一后来到阶下。荆轲手捧装有樊於期首级的木匣,刚要踏上殿阶。忽听一声:"停!"侍臣问道:"秦副使的脸色为何如此难看?"

荆轲回头一看,秦舞阳面色苍白,捧着地图的双手正微微发颤。荆轲笑道:"秦副使久居边塞,不曾目睹秦王威仪,因此内心紧张,还望大人海涵。"

侍臣不敢大意,到了殿上,将这事禀告给秦王。秦王暗想:两国交往,不斩来使,秦副使他紧张什么?还是小心为是,于是传令:"正使一人上殿,副使在台下等候!"

荆轲手捧木匣,一步一步走上台阶,在满朝文武的注视下，荆轲面容镇定，步伐从容，到了殿上，荆轲奏道："燕王久仰大王贤明，得知樊於期隐居塞北，燕王亲自率兵追捕，斩其首级，特派下臣献上。"

秦王接过木匣，打开一看，樊於期仍双目圆睁，在怒视着自己。秦王忙将木匣合上，交给侍臣。秦王问道："那督亢地图呢？"

荆轲转身下了台阶，取过秦舞阳手中的地图，再次来到御案前，双手呈上。

秦王政手捧地图，放在案上，由卷轴开处慢慢展看。

秦王政终于看到整个图面。带着一种满足感，秦王政抻开了图尾卷轴，一把闪闪发光的匕首出现在秦王眼前，秦王大吃一惊，荆轲已将匕首夺过，左手用力拽住秦王衣袖，右手利器直指秦王胸膛！只听"唰"的一声，

兵俑

秦王挣断衣袖，向侧奋力一跃，踏倒屏风。忽听身后一阵凉风袭来，秦王一闪身，恰好躲在殿柱之后。秦王绕柱飞奔，荆轲紧追不放，只见两个人影绕着殿柱飞似的旋转。

　　秦国有一条法规，就是群臣上朝，不许携带任何兵器，侍卫只能侍立在阶下，没有旨令，不得擅自入殿。眼下事发突然，秦王被荆轲追得仓皇逃窜，生死系于一瞬，哪来得及召唤侍卫？群臣见秦王遇刺，怔愣片刻，一拥而上，荆轲将匕首挥舞得密不透风，群臣空手相搏，近不得身前。突然，荆轲只觉得眼前一黑，来不及细想，手中匕首猛然一挥，"嚓"的一声，眼前碎末弥漫，一股浓烈的中药味刺入鼻孔。荆轲连连咳嗽。原来是一位御医见事急，忙将药袋向荆轲身上掷去。这可给了秦王以喘息之机。刚才秦王被追杀，

秦骑兵

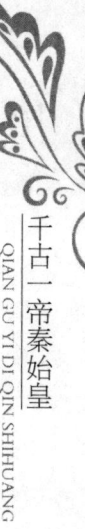

只顾一味地躲闪，此时荆轲被药袋击中，秦王才想到反击，便要拔剑出鞘。

秦王所佩的宝剑，名叫"鹿卢"，削铁如泥，锋利无比。宝剑长达8尺，情急之时，怎能拔出？秦王将剑抽出一半，可惜手臂不够长，剑卡在鞘中，秦王暗道："我命休矣！"眼瞅着荆轲手舞匕首再次扑来，忽听一童子喊道："大王快把剑推到身后再拔！"秦王恍然大悟，忙把剑绕到身后，秦王手握剑柄，猛地一抡，长剑划过一道银光，破空而出。

这一切只在眨眼之间，秦王何等威武！论勇力、论胆识，都不在荆轲之下，如今长剑在手，胆气更壮。匕首只有尺余，只可近刺，而鹿卢剑长8尺，却能远击。秦王使出平生之力，向扑来的荆轲击去。荆轲腾身一跃，上身躲过长剑，左腿却被击中，顿时摔倒在地。阶下的秦舞阳刚欲上台相助，立即被武士们砍杀。

秦王见荆轲已经不能站起，便要举剑再击，忽听耳边风声呼啸，秦王将头一偏，"当"的一声，一把匕首刺入右边铜柱之中，火光飞溅。这是荆轲飞出的匕首。秦王接连猛力击剑，荆轲身中8处，仍大笑不已。笑罢，荆轲骂道："我本想生擒你，让你归还诸侯土地，没想到反遭劫难。这难道不是天意吗？但你不要忘了，你恃强凌弱，侵吞诸侯，你的国家是不会

长久的！"

秦王拔出铜柱中的匕首，向荆轲胸膛刺去，只见所刺之处，立刻冒出一股浓烟。原来这把锋利的匕首煨有剧毒，见血封喉！

秦王浑身发颤，呆坐半晌，神色稍安。再看荆轲，仍双目圆睁，宛如活人，怒气勃勃，秦王心内惊恐，忙下令将荆轲及秦舞阳尸体焚烧于市中。又因御医夏无目投掷药袋、赵高提醒秦王拔剑有功，各加赏赐。

秦王政二十一年，秦军攻取燕国蓟城，杀了燕太子丹。燕王喜逃往辽东，4年后被俘。这是后话。

荆轲塔

出奇制胜吞灭魏楚

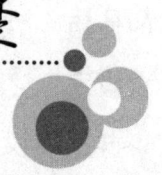

秦王采用尉缭的兼并之谋，下一个目标，对准了魏楚两国。

这是两个具有历史意义的战役。从这两个典型战例中可以看出，秦国与诸侯之间的较量，不仅仅是兵力，更重要的是智慧的较量。与其说秦王吞并天下，得益于他的英明果断，不如说秦王知人善任，充分施展了手下的智谋。如果没有尉缭的运筹帷幄，王翦、王贲等良将的出奇制胜，秦王政统一天下的宏伟构想，恐怕会落得一纸空文。

秦王的高明之处，也许正在于他善于掌握用人之道。

秦王政二十二年，王贲奉秦王之命，统领10万大军，攻打魏国。

此时的魏王假，继位整整3年。韩国俯首称臣，燕、赵相继灭亡，使这位魏国的新君极为惊恐。看来要想保住河山，必须在固守的同时，与齐国联合抗秦。魏王假下令修筑城墙，在城墙内外挖掘几十米宽的深沟，增强守备。另外，派使者频繁出使齐国，如果齐王肯派兵联合作战，秦兵远道而来，便未必能取胜，但从齐国回来的使臣令魏王大失所望。齐王建根本就不理睬他的"唇亡齿寒"之说。眼瞅着10万秦兵逼近大梁，魏王假忙召集群臣商议退兵之计，群臣纷纷主张献城投降。魏王假不甘心祖辈创下的江山就这样拱手相让，他要与秦军决一死战，万一战败，也无愧于先祖列宗。

魏王眼望殿外暴雨连绵，不禁想到，也许是天意不该魏国灭亡，秦军远道而来，疲惫不堪，在这连续月余的阴雨天中，必将手足无措，无计可施吧！

秦长城遗址

魏国货币

的确，秦将王贲此时正一筹莫展。秦军围住大梁城，正要举兵攻城之时，没想到暴雨连日不断，与其说大梁城被困，不如说秦兵被雨水围住。大梁城沟深渠多，怎怕水淹？城内必是储备充足。如此相持下去，后果实在难以想象。王贲坐在油幕车中，望着眼前的沟渠，水势滔滔，流向城外。城内的沟渠想必高出城外，看来魏王是早有准备了。猛然间，王贲的脑海中闪过一个意念，它来得突然，却使他震惊，狂喜不已。他怕这个意念稍纵即逝，他尽量控制住自己，他要沉静，将这个意念牢牢地抓住。王贲似乎看不到那狂奔不止的水流，也听不到那哗哗的水声。他怕这水流，他恨这雨声。是的，他怕，但魏王也怕。魏王在城内外修了纵横交错的沟渠，正是为了防止大水冲毁这座城池。王贲猛然醒悟，大梁城原本是水中之城：黄河从城西北流过，汴河从荥阳发源而来，经由城西而过。大梁城被两河缠绕。如果将两条河水从西北角截住，令其改道，直奔大梁而去，那会是怎样的情形呢？王贲仿佛看到了这座繁华的帝都浸泡在一片汪洋之中，大水冲击着城墙，整个城池在水中剧烈地摇晃起来……

　　王贲回到军营，传命在城西北将黄河和荥水截住，再在下游修筑堤坝。军士冒雨动工，王贲亲自督察，不过数日，便筑成深渠。以前王贲怕雨，现在是喜雨，喜的是雨水一连十几日不止，渠内水势浩大，眼瞅着渠水要没过渠沿，王贲一声令下，军士开渠放水，但见浪涛奔涌，一泻千里！

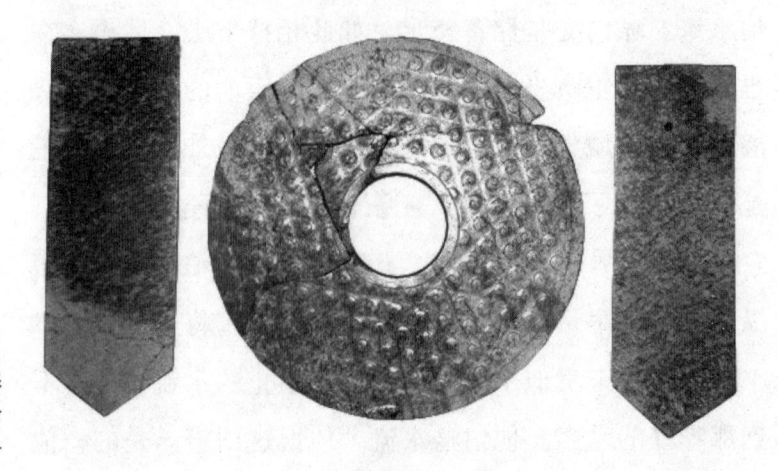

秦祭玉

城墙被浸泡着，汹涌的水流无情地撞击着坚固的城墙，到了第三天，已有多处决口，城内一片哭骂惨叫之声……

魏王假只好接过群臣议定的降表，用颤抖的手按下了分外沉重的御玺。

秦王政招来李信，问道："李将军估计楚国这场战役，需要多少兵力？"

"不过20万人足矣！"李信的回答坚定有力。

秦王又招来老将王翦，王翦却说："李信率20万兵力攻打楚国，绝无取胜之机，以老臣看最起码要用60万人！"

当王翦说这番话的时候，秦王看到的是，这位征战沙场多年的老将军已须发皆白，满脸皱纹。秦王暗道："王将军毕竟是老了，胆气怎能与壮年时相比？也许王将军率领20万兵马必会失败，但对于年轻勇猛的李信来说就不同了。看来老将军是该退役养老了。"

秦王政拜李信为大将，蒙武为副将，统兵20万，攻打楚国。

楚地战场捷报频传：李信先是攻下平舆，蒙武又攻下寝邱，接着，李信率兵西进，拔下申城，将与蒙武在城父会合，共捣郏城。

秦王政按捺不住内心的喜悦，看来，在用人方面，

自己的判断不错，敢于大胆任用李信这位年轻骁勇的战将。

正当秦王政沉浸在大功即将告成之时，楚地战场又传来战报。不过，这次不是捷报，而是李信的20万大兵遭到惨败的消息！

秦王政脸色铁青，怒视着李信派回的部将。此时，这位部将正在叙述战败的经过："秦军在西陵与楚军交锋，眼看楚兵不能抵挡，不承想突然从鲁台山杀出7路伏兵，将我军包围。李信率兵突围，楚将项燕率兵追杀，我军损失部将7人，军士死伤无数……"

战国时期战车复原模型

秦王政只觉得耳中嗡嗡作响。此时，秦王政才真正懂得，统兵作战，仅凭勇猛是不能取胜的，还要有谋略，才能战胜强敌。在用人上，秦王政很少尝到过失败，更不愿在失败面前低头。他要不惜任何代价，即使倾尽举国之兵，也要拿下楚国这个强大的敌手。秦王政决定亲自造访王翦府中，请这员老将出山。

"王将军断言李信伐楚必败，今天果然应验，寡人自愧用人有失。将军能否为寡人勉为一行，率兵出征？"

"老臣卧病多日，心力衰竭，还望大王另选良将代臣出征。"

"此战要想取胜，非将军不可，请将军不要推辞！"秦王再次请求道。

王翦沉思半晌，才说："大王如果迫不得已要老臣接任，还是那句老话：非60万兵力不可！"

"寡人听说：'古者大国三军，次国二军，小国一军。军不尽行，不可倾国而出。'当初五霸威加诸侯之时，兵力不过10万，如今将军必用60万，前所未有。"

王翦叹道："古时布阵而战，战伐之中，含礼让之意，因此帝王用兵，不在兵多。齐桓公主战，不过3万人。但如今诸侯用兵，以强凌弱，以众欺寡，逢人便杀，遇城则攻，砍杀动辄数万，围城往往多年，因而农夫皆操战戈，童幼也登军册，此乃大势所逼。大王想以少胜多，实属侥幸。何况楚国地处东南，地势险要，人口众多，号令一出，百万之军便可齐备。臣说60万，还怕不足为用，又怎能减至10万？"

秦王听罢，赞道："如果不是将军谙熟用兵之道，怎能有此精辟之见，寡人就依将军之言。"

当日，秦王拜王翦为大将，统兵60万，仍用蒙武为副将。出征之日，秦王政亲自在坝上为王翦设宴饯行。王翦手持酒杯，向秦王拜道："大王满饮此杯，老臣有一事相烦。"

秦王心说："我60万大军都给了你，可以说秦国已经掌握在你的手里，我还有什么不能满足你呢？"想到此，秦王一饮而尽，道："将军尽管直说！"

兵俑

只见王翦从衣袖中拽出一张书简，对秦王说："批给臣家！"

秦王接过一看，书简上列满了咸阳的一处处良宅美田。秦王嘿嘿笑道："将军大功告成之日，寡人理该与将军共享富贵，又何愁贫困？"

王翦恳求道："大王有所不知，臣已老朽不堪，好比风中之烛，大王即使封侯加爵，又能光耀几时？不如赐臣良田美宅，让老臣的子孙后代，都能享受到大王的恩泽。"

秦王忍不住朗声大笑，说道："寡人答应将军便是。"说着，秦王掏出御玺，盖好之后，交给王翦。王翦盯着那鲜红的印泥看了又看，才将书简叠好，小心翼翼地放入内衣之中，满意地向秦王告辞。

到了函谷关，王翦又后悔了，心说："我要的太少了，秦王家大业大，怎在乎这区区田宅？"立刻派部下速回咸阳，向秦王索要园池数处。蒙武见这老怪物如此贪婪，先是良田美宅，现在又要御园宫池，蒙武实在看不下去，便不满地责备道："老将军未免太过分了吧？"

王翦对蒙武悄声说道："你有所不知，秦王的性情强悍多疑，如今将60万精兵交给我，便是把整个秦国托付给了我啊！我多要田宅园池，多为子孙打算，是为了让秦王能够对我放心啊！"

蒙武恍然大悟，高赞道："老将军高见，晚辈自愧不如！"

楚地天中山，旌旗招展，号角连绵，王翦60万大军正安营扎寨。各营依山势而落，高低起伏，长达十余里，远看像一条长蛇缠住山腰。王翦命各营深挖战壕，固守营寨。

与此同时，驻扎在东冈的项燕20万大军正布阵操练，阵内尘土飞扬，喊杀震天，大有气吞山河之势。项燕只等副将景骐的20万大军到来，便要与王翦一决高低。

再看秦军营内，王翦传命各营每日宰杀牛羊，犒劳军士。王翦每日在各营闲游，赶上伙食，便就地一坐，与士兵举杯共饮，闲聊斗嘴。士兵心内感激，憋足了劲要为将军效命，士兵一提到打仗，王翦必说："咱俩先划拳，输了的喝酒，喝完酒再说别的。"只见王翦举杯在手，酒令出口，吼声如雷，先声夺人，士兵连连醉倒在地，哪还敢提什么打仗？

项燕与景骐兵马会齐之后，每日必派人前来挑战，王翦置之不理，除了加强守备之外，还是吃肉喝酒。

秦国是按军功的大小授予相应的爵位。士兵渴望建功立业，封功授爵。因此战场上个个奋勇争先。如今王将军只顾饮酒，闭口不提打仗，这便似夺了他们饭碗一

兵俑

样，怎不心内恐慌？闷得实在无聊，便想起了两个游戏：一个叫投石，一个叫超距。

所谓投石，就是将重12斤的石块，放在事先固定好的机板上，将机柄用力拉开，突然松手，石块射出，以300步为胜。开始练时，能过300步的，寥寥无几。但身为士兵，生性喜爱争强斗勇，谁肯落后？不过数日，对许多士兵来说，300步已不在话下，索性不用机器，用手来投，更有能者，双手连续投石，被赞为勇士。

玩腻了投石，又赌超距。只见十几米开外的两根立柱上，搭放着一根横木，士兵使出爆发力，飞奔到横木前奋力一跃，跃过横木之后，只许两脚着地。

不知不觉，秦兵出征楚国，已是整整一年。这天，

王翦

王翦传命：各营设宴，欢庆安营扎寨一周年！"大敌当前还有心思欢庆，这不是穷欢乐吗！"士兵个个哭丧着脸，像赴刑场似的走向宴席。

只见王翦高坐将台，发一声喊："今日老夫要与各位共破楚军！"号令一出，鼓声咚咚，迅速传往各营。各营寨都是同一个场面：士兵将宴席掀翻，披挂整齐，只待将军一声令下，便要冲锋陷阵。

各位怎会想到，王翦整日除了饮酒，就是闭目养神，似是不思战事，但却是在暗用"蓄己之力，制彼之疲"。士兵在赌那投石、超距之时，王翦早已暗派手下把各营士兵的胜负一一记下，排成次序。

此刻，王翦正按照名册点兵布阵，2万壮士已排列成阵，1万人的先锋队正整装待发。

再说项燕自从与景琪会合之后，每日派部将到王翦营前挑战，结果却是"剃头的挑子，一头热"。看那营寨，壁垒森严，守备坚固，项燕又不敢贸然进攻，只道王翦是被逼出征，老迈无能，得过且过。项燕心说："我在本土作战，占尽天时地利，还怕耗不过你。"索性与王翦展开拉锯战。项燕做梦也没想到，秦兵一夜之间有如神兵天降，将东冈层层围住。项燕忙传令应战。那秦军先锋壮士蓄力多时，不胜技痒，口呼："楚王投降！"飞身跃过战壕，手中石块怒射而出，只听楚营一片哭爹喊娘。秦兵奋勇争先，一人足敌百人。楚兵荒怠多时，仓促应战，怎是秦军对手，只落得兵败如山倒，副将屈定被乱石砸死，项燕孤身杀出重围，

落荒而逃。

秦军一鼓作气，直捣寿春。楚将景琪措手不及，眼瞅着秦兵风扫落叶般吞没了城池，抽出长剑，自刎于城楼。楚王负刍被生擒活捉。

第二年，王翦率兵攻破兰陵，射杀楚王的弟弟昌平君。项燕见楚国后继无人，拔剑自刎。

至此，六国仅剩齐国独存。

兵俑

后胜误齐四海归一

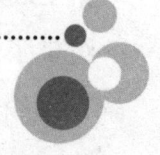

齐王建在位共44年，这44年，国内一片歌舞升平，边防寂寂无声，俨然一派太平盛世。齐王建宠用奸臣后胜，却不知后胜已被秦王重金收买。秦王每灭一国，后胜便派使臣入秦朝贺。秦王的慷慨大度也让这些使臣尝尽了甜头。回到齐国备赞秦王恩重如山。齐王建自以为与秦王政亲如手足，不修战备。真的是兵藏库府，马放南山。朝廷上下只管尽情享乐，今朝有酒今朝醉。等到五国相继灭亡，齐王建方大梦初醒，慌忙招兵买马，好不容易将一群乌合之众拉到西部边境，却不提防王贲灭了燕、赵残余势力，奉秦王手谕，挥兵南下，过了吴桥，直入济南。齐王建这些年不问朝政，更不曾演习武艺，况且素闻秦兵强悍威猛，早已吓得魂不附体，任由王贲长驱直入。临淄城中听说王贲兵临城下，百姓狂奔乱窜，偌大的国都，竟城门大敞，无人把守。后胜顺水推舟，将齐王建这个肥肉包子拱手献给秦王。王贲兵不血刃，两月之间，游遍了齐国山水。秦王政得到王贲捷报，传令将后胜斩首，齐王建与妻儿囚禁共城。

公元前221年，秦灭齐，统一了华夏。

秦王政从未感到像今天这么伟大！

结束了长达500年的战火纷争，令四海臣服，天下一统，谁能做到：都说三皇五帝功业盖世，但他们做梦也不会想到会创下今天的江山伟业。

群臣在秦王政那傲视一切的目光的震慑下，诚惶诚恐地将这位威严的帝王捧到了至高无上的地位：

> 古代有天皇、地皇、泰皇。其中泰皇最为尊贵，臣等冒死呈上尊号，称大王为泰皇。

秦王政摇头说道："皇字尚可，再加上上古帝王名号，称做皇帝，岂不是更好！"

在一片"万岁！"声中，秦王政批准了群臣的奏议：皇帝之命称为制，皇帝之令称为诏，皇帝自称为朕，臣下奏事称"陛下"。秦王传命："朕就是始皇帝，后世用数目计算，二世、三世……直到千千万万世，传之无穷！"

大臣中有人提议："燕、齐、楚、代等地处偏远，难以辖制，应设王分封，望陛下准奏！"这个建议立刻得到普遍支持。

唯有李斯持不同意见。他说："周室封国无数，以宗族同姓居多，后代子孙自相残杀，造成诸侯纷争，导致周室灭亡。如今天下统一，只要陛下厚赏功臣，多赐俸禄，削除兵权，只设郡守，乃为长久之道。"

在通往王权的道路上，秦始皇深刻体验到了残酷和艰难。如今大权在握，岂能重蹈覆辙，李斯的建议正合秦始皇的心意，于是，秦始皇下令：将天下分为36郡，每郡设守尉一人，监御史一人。从此，中国的历史翻开了新的一页，进入了漫长的封建社会。

这年是秦始皇二十六年。

临淄齐国故都

秦始皇下令尽收天下兵器，运到咸阳，这些兵器熔化后，铸成12个金人，每个重达千石，又将天下20万户富豪迁至咸阳。

为了强化统治，制定了严酷的法律制度，崇尚刑罚，衣服、旌旗均用黑色，称百姓"黔首"。统一了长度、重量、容量的标准，使用相同的货币。废除六国的异形文字，采用隶书……

秦朝的疆场东到东海及朝鲜，西至临洮、羌中，南达日南群的北户，北方依黄河为势，傍阴山为塞，直到辽东。

二十八年，秦始皇东行齐鲁，登上了泰山极顶。封泰山，禅梁父，自古夏、商、周心向往之，功高德劭的历代君王应天命而召，前往泰山，向天帝祈祷。泰山脚

统一度量衡

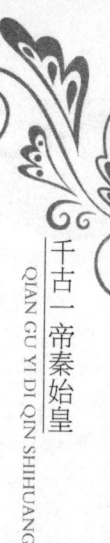

下的齐桓公仰慕多年，成就霸业之时，终不敢居功自傲，只能跪伏在山脚默默祷告。

茫茫的云海在头顶翻卷而过，松涛阵阵，强劲的山风充满了耳鼓。始皇跪在高高的土坛上，诚挚的目光透过朵朵云浪，追寻着天帝的足迹。

> 天帝在上，您的爱子秉承您的旨意，励精图治，不敢丝毫懈怠。如今，诸侯已灭，兵戈尽销，四海归顺，天下大同。儿臣渴望永保江山，请天帝赐予儿臣力量！

不知过了多少时候，始皇从睡梦中醒来。此时，一轮红日正破空而出，淡红色的云雾缭绕在群峰之间，充满了神奇。始皇想起了孔子的那句话："登东山而小鲁，登泰山而小天下。"站在巍峨挺拔的泰山之巅，待到云开雾散，始皇极目远眺，齐鲁俊秀的山川尽收眼底。"人生是多么美好，人生又是多么短暂啊！"始皇不禁感叹道："如果能像这轮朝日，永远普照天下，该有多美！"

从泰山下来，始皇又在梁父山举行了祭地仪式，来报答大地的养育之恩。始皇撰文立碑，文曰：

> 皇帝临位，作制明法，臣下修饬。二十有

六年，初并天下，罔不宾服。亲巡远方黎民，登兹泰山，周览东极。从臣思迹，本原事业，只诵功德。治道运行，诸产得宜，皆有法式。大义休明，垂于后世，顺承勿革。皇帝躬圣，既平天下，不懈于治。夙兴夜寐，建设长利，专隆教诲。训经宣达，远近毕理，咸承圣志。贵贱分明，男女礼顺，慎遵职事。昭隔内外，靡不清净，施于后嗣。化及无穷，遵奉遗诏，永承重戒。

始皇统一天下之后，巡游无度，类似的碑文遍布天涯海角，他要让天下臣民永远感念他的功德。

封禅之后，始皇兴犹未尽，率群臣南行，途经琅琊

统一货币

统一文字

山，始皇被秀丽的山景所陶醉，信步登上山顶，周围群峰叠翠，林涛翻涌，顺着山势望去，琅琊山翠色欲滴，它的一角浸没在海水之中，山水相连，浪花飞溅，白鸥点点，在追波逐浪，再向远望去，澄碧的海水与远天相接。始皇沐浴在和暖的海风之中，大有飘飘欲仙之感。

始皇在琅琊的山光水色中流连忘返，美中不足的是，这一带人烟稀少，不免有寂寥之感，始皇决定迁徙3万户黔首在琅琊附近定居，免除他们12年的徭役。

在琅琊逗留了3个月，始皇最大的收获就是幸遇一位"仙人"。

焚书坑儒巡游仙度

在琅琊行宫中,始皇正在接见齐国的"仙人"徐福。徐福自称有一次乘船渡海,幸遇3座神山,那3座山的名字叫蓬莱、方丈和瀛洲。按徐福的说法,山中四季如春,鸟语花香,人们自耕自作,和睦友爱,他们喝了山中的圣泉之水,便可长生不老。

这样的仙境怎不令人悠然神往?始皇望着眼前这位颇有几分仙风道骨的"仙人",惊羡地问道:"先生能否为朕寻到仙山?"

徐福沉思半晌,才神秘地说道:"这要看陛下是不是有仙缘了。"

"朕不求在仙山长住,只要先生为朕讨回点圣水,朕就心满意足了。"始皇的心情颇有些急切。

"只是,仙山实在难寻,需要上百条楼船不说,还要有5 000名童男童女。"

始皇不解地问："要童男童女做什么？"

徐福说道："陛下有所不知，仙岛上的人，都不生育，要想得道成仙，必须祭奠海神，如果带上已更世事的男女，会激怒海神。"

只要能长生不死，这点儿要求对于大秦的一国之君，实在是微不足道，始皇满口答应，让徐福尽快去找到那3座仙山。始皇回到咸阳，开始戒斋修炼，一时间，秦始皇的身边聚集了一批方士，有的为始皇炼丹，有的指导他采阴补阳，还有的帮他寻找灵芝奇草……

二十九年，始皇南行来到泗水。当年周朝的9座宝鼎在运往咸阳时，不慎有一座落入了泗水，这9座象征帝王权力的宝鼎未能齐聚咸阳，秦始皇总感到有点儿名不正言不顺，派大批民夫在水底捞了三天三夜，结果一无所获。

这一年秦始皇巡游极为不顺，在出游东方，途经阳武县的博浪

徐福

沙时，遇到了埋伏这里的刺客袭击，险遭暗算。秦始皇感到人生无常，他至死也没搞清楚，他一心一意为了永保天下太平，为什么还有人要杀死他！

在身边的方士中，始皇最赏识的，当数卢生。他教给始皇的修身之法，一旦炼成便可成为"真人"。水火不惧，刀枪不入，乘云驾雾，与天地共寿。

三十二年，卢生从东海归来，虽说未能寻到仙山，却带回了一张极有价值的谶图。上写："灭秦者，胡也！"于是始皇决定派蒙恬率30万大军，去攻打匈奴，经过两年的征战，北方终于得到了安定。与此同时，在北方开始大规模地修建防御工程。它西起临洮，东到辽东郡内，

博浪沙碑亭

咸阳宫局部复原图

每当匈奴来袭,望见烽火台上狼烟接踵传递,不禁闻风丧胆。这便是象征中华民族雄伟气势的万里长城,它威严屹立在华夏这块古老神圣的沃土上。古老而神秘的长城啊!你记载了中华民族多少苦难的历史?你谱写了中华儿女多少不屈不挠的诗篇;如今,这条巨龙正向世人振臂高呼:"只要长城不倒,中华民族必将雄踞于全球!"

三十四年。咸阳宫一派喜气洋洋。难得一见,秦始皇与群臣举杯共饮,笑容可掬。

与秦始皇共处多年的各位大臣,第一次感受到皇帝的和蔼可亲,频频向始皇敬酒,大臣们无拘无束,宴会气氛空前融洽。

但当博士之长周青臣代表朝中70位博士上前敬酒的

时候,宴会出现了问题。刚才各位敬酒,不过是说些"陛下万寿无疆!"之类的祝寿之辞。可这位博士之长总忘不了他的满腹才学,偏要炫耀一番,只见他手持酒杯,走到始皇面前,毕恭毕敬地行了臣子之礼,然后抑扬顿挫地赞道:"昔日秦国疆域不过千里,赖陛下圣明,平定四海,放逐蛮夷。普天之下,凡日月所照之处,莫不心悦诚服!陛下功业盖世,把分封制改为郡县,前无古人,使天下永享太平,无战争之患,黔首人人安乐,万世无忧,自古以来,无人能赶上陛下威德!"

是分封,还是设立郡县?向来是朝政中的焦点,8年前秦始皇以权压人,强制施行郡县制,群臣中多有不满,只是敢怒不敢言,眼下酒酣耳热,正可壮胆,便冲出一人,乃是齐地儒生淳于越。他走到秦始皇面前,直言谏道:"臣听说周朝拥有天下近千年,分封子弟及功臣,来作为自己的辅助力量,现在陛下君临海内,而子弟却是匹夫,万一发生祸乱,没有辅助怎能得以挽救?事不取法古制而能够长久不败的,臣未曾听过。现在青臣又当面阿谀您,来加深陛下的过失,实在不能称为忠臣!"

始皇听到周青臣盛赞自己威德,忍不住面露得意之色,没想到淳于越当头泼了一瓢凉水,始皇恼羞成怒,便要发作。转念一想,难得与群臣同乐共饮,何必令大家扫兴呢。于是说道:"分封之事,已是老生常谈,是利

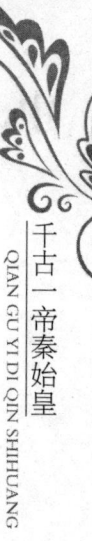

是弊，各位今天不妨说出个结果来。"

好端端的一个庆宴，顷刻间变成了剑拔弩张之势。群臣唇枪舌剑，引经据典，主张分封的竟占了上风。秦始皇表面不露声色，内心却想："采用分封制，岂不是削弱了我手中的权力，权力分散，封主必起异心，不是又回到了诸侯纷争的乱世吗？"正这样想着，只见李斯走到跟前，说道："臣认为，五帝的制度不重复，三代的举措不因袭，各自采取自己的办法来治理国家，并不是有意和前代相反，这是时代变迁的缘故。现在陛下创造大业，建立万世功勋，本来就不是这些愚蠢的读书人所能理解的，何况他们专说一些虚无缥缈的三代时的事，如何取法呢？臣请求陛下，把除了秦朝的典籍，都放火烧掉……"

宫殿中的火药味已经达到了白热化，秦始皇见群臣

秦代金虎

还要上来争辩，便趁势说道："朕今日宴请群臣，本来是想让各位高兴，不承想却搅扰各位雅兴，各位先回去休息，待明日呈上奏章，朕再决定此事。"群臣不欢而散。

群臣呈上的奏章，秦始皇瞧都没瞧，便决定采纳李斯的建议：

1. 除秦朝的典籍，全部放火烧掉。

焚书坑儒图

2. 聚众讨论《诗》《书》者，斩首示众。
3. 宣扬古代、诽谤当代者，诛杀全族。
4. 官吏知情不举者，以同案论处。
5. 命令下达一个月，不执行者，刺字戍边。
6. 可保留医药、卜筮、种植之类的书籍。

一时间，诸子百家及六国典籍被扔进熊熊烈火之中。人们惧怕皇帝的淫威，但人民更珍爱千百年来一点一滴积存的思想文化，远胜过自己的生命，人们将这些无上的文化瑰宝四处藏匿，甚至有的联合起来，将前人的哲思熟记在心中。当秦朝灭亡，这些文化典籍便雨后春笋般地从神州大地的各个角落涌现出来。秦始皇威策宇内的长鞭，可以驱役人民的肉体，却扼杀不了人民的聪明才智！

三十五年，始皇大兴土木，继修建骊山陵之后，又一座宏伟的建筑破土动工了。这就是阿房宫。唐代杜牧在《阿房宫赋》中写道：

六王毕，四海一；蜀山兀，阿房出。覆压三百余里，隔离天日。骊山北构而西折，直走咸阳。二川溶溶，流入宫墙。五步一楼，十步一阁；廊腰缦回，檐牙高啄；各抱地势，钩心

斗角。盘盘焉，囷囷焉，蜂房水涡，矗不知其几千万落。长桥卧波，未云何龙？复道行空，不霁何虹？高低冥迷，不知西东。歌台暖响，春光融融；舞殿冷袖，风雨凄凄。一日之内，一宫之间，而气候不齐。

虽说有些夸张，却充分再现了它辉煌的气势。仅正殿，东西广500丈，南北长50丈。殿中可以容纳万人，殿下可竖立5丈高的大旗，当时受宫刑的竟达70万人，都被征役去修建阿房宫和骊山陵。

正当始皇梦想得道成仙，加紧修成"真人"时，卢生却带着一批方士逃出宫中，他们四处散布：始皇刚愎暴戾，刑法严酷，独裁专治！

这些人始皇赏赐极多，如今却诽谤自己，看来，焚书的作用并不大，必须采用更严厉的措施，将这些制造谣言、惑乱百姓的儒生绳之以法。于是，四百六十多名受牵连的儒生被坑杀。

用暴力的手段对付读书之士，秦始皇的残暴无道达到了登峰造极。

三十七年，始皇南巡之后，又北上来到琅琊。几年来一直杳无音信的"仙人"徐福突然来叩见始皇，说眼看仙山在望，却不料遇到鲨鱼的袭击，航行被阻。请求

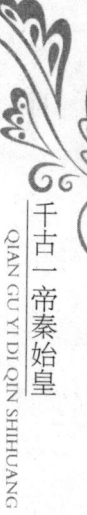

始皇再造楼船去征服海神。

始皇的船队来到了苍茫的大海上，日夜不停地搜寻着。

楼船向深黑的海中驶去。愤怒了一夜的大海终于停止了吼叫，它喘息着，俯下了它那狂傲的身躯，轻柔的海浪在拍抚着楼船，它似乎驯服了。

始皇站在甲板上，威严的利目透过平静的海面，始皇看到前方突然出现一股急流，向楼船袭来，海神那锋利的鳍峰冲出一道深沟，离楼船越来越近。始皇举起手中的弓箭，身边的群臣屏住了呼吸，空气在凝滞。

凶猛的海神张开巨口，尖锐的牙齿清晰可见，始皇终于射出了他的毕生之力。当箭镞刺进那血红的巨口的一刹那，始皇猛地感到肋下一阵剧痛。始皇咬紧牙关，他不想让群臣看到自己痛苦的表情，豆大

秦坑儒谷

中华爱国人物故事
ZHONGHUA AIGUO RENWU GUSHI

秦始皇陵内铜马车

的汗珠渗出了额头……

　　始皇躺在席榻上，面色发黑，形容枯槁，与那个头顶王冠、腰悬佩剑的雄健身姿判若两人。公元前210年，这位中国封建社会的开国君主，结束了他的帝王生涯。享年49岁。

　　无疑，秦始皇是一位英雄，在登往帝位的台阶上，他付出了艰辛的努力，沉重的代价。他的雄心抱负，构成了他勤于政事的作风，而坚韧、执着的个性，使他在国内外一系列重大事件的处理上采取果断的措施。秦始皇能在短短的10年中，吞并六国，绝非侥幸，因为他有：包举宇内的博大胸襟；宽猛相济的为政之道；坚决果断的处事作风；谦恭下士的用人之术。

　　秦王政充分发扬了帝王的这些优秀品质，他不但是历史中的英雄，而且堪称是伟大的帝王。可惜，当他得到江山，却不知道该如何去珍惜。所谓"仁义不施，攻守之势异也"！

还是回到古代治国的老话题。到底是该以法治国，还是以德治国？

秦国依靠商鞅变法，在诸侯中崛起；秦始皇吞并诸侯，在天下初定之时，采用李斯建议，依法治国，不失为明智之举。

但秦始皇为了控制天下，永保手中王权，使法律变成了酷刑。难怪后人骂他是暴君！独夫！

他不知道以法治天下，但法要有"度"。

汉代深以为戒，"罢黜百家，独尊儒术"，走向另一个极端，于是中国漫长的封建社会终于有了一个治国标准。

难道"儒、法"真的不能相容吗？中国的封建帝王在漫长的封建社会中蜗行摸索，似乎总也找不到感觉。

秦始皇出征雕塑群

中华爱国人物故事
ZHONGHUA AIGUO RENWU GUSHI